Collection

Etudes, **R**echerches, **A**ctions en **S**anté **M**entale en **E**urope

dirigée par Claude Louzoun

Bâtir un forum éditorial couvrant les champs de la santé mentale, de l'éthique et du droit, c'est affirmer en premier lieu une ambition de rencontre, de validation et de légitimation des approches critiques et transformatives. Y accueillir travailleurs de la santé mentale, hommes de lois, chercheurs, philosophes, représentants d'associations d'usagers, de familles et de défense des droits de l'homme, c'est bien sûr avouer une vocation interdisciplinaire. C'est avant tout mobiliser cette interdisciplinarité pour informer, traiter, débattre (et rendre accessibles aux professionnels et aux profanes) des enjeux, des problématiques, des élaborations, des pratiques, des réalisations qui œuvrent dans le sens de la communauté des citoyens. L'Europe est, de ce point de vue, un laboratoire et un vivier illustratifs de tous les progrès et de tous les dangers dans ces domaines. Offrir des espaces de critique pratique, de prise de position et d'exigence éthiques dans l'agir humain (tout à la fois social, symbolique, politique, technique, juridique) à l'œuvre dans ce vaste domaine et ses entrelacs, tel est notre objet.

PSYCHIATRIES

L'UTOPIE, LE DÉCLIN

Du même auteur :

Les Alephs
Editions Grasset, 1965
Les environs de minuit
Editions Grasset, 1966
Histoire de Smagg
Editions Grasset, 1968
La nuit verticale
Editions Grasset, 1970
110e Rue à l'Est
Editions Grasset, 1972
La période européenne de Wilhelm Reich
Editions Universitaires, 1972
Fou-l'-Art-Noir, in *Manifeste Froid*
Editions 10 x 18, 1973
Essai d'herméneutique sexuelle
Editions Seghers, 1974
Les Alephs - Diegopolis
suivi de *La retraite de Russie*
Editions 10 x 18, 1975
Epistrophy
Editions Christian Bourgois, 1976
Maël
Editions Christian Bourgois, 1980
Le psychonaute
Editions Christian Bourgois, 1984
Thelonious Monk
Editions P.O.L., 1988
Fou-l'-Art-Noir et autres textes
Editions Le Castor Astral, 1989
Bornéo après la nuit
Editions Grasset, 1990
La Terre d'Arnheim
Editions Plon, 1991
Remarques d'un citoyen ordinaire
Editions Balland, 1992
Kapitza
Editions Rivages-Noir, 1999

Yves Buin

PSYCHIATRIES

L'UTOPIE, LE DÉCLIN

érès

Illustration de couverture :
Le thérapeute, René Magritte, 1937

ISBN : 2-86586-690-4

11, rue des Alouettes, 31520 Ramonville Saint-Agne

à

Hélène Chaigneau
Guy Baillon
Maurice Parienté
Rodolphe Roelens

Psychiatres

« C'est la figure d'un homme d'environ quarante ans
avec une courte barbe et une physionomie colorée.
Il rit, et il y a une pointe de colère dans son rire,
mais aucune trace de triomphe ni de venin.
C'est la figure d'un homme qui est toujours
en train de batailler contre quelque chose,
mais qui se bat à découvert et sans peur ;
la colère d'un homme animé d'une colère généreuse,
en d'autres mots, d'un libéral à la mode du XIXe siècle,
une intelligence libre, un type d'homme qui est haï
d'une manière identique par toutes les petites idéologies
malodorantes qui rivalisent maintenant
pour le contrôle de notre âme. »

George Orwell, « Sur Dickens », *Collected Essays*

La police de la pensée

Il n'est pas impertinent pour parler de psychiatrie de convoquer deux écrivains : Arthur Koestler et George Orwell. A Koestler, nous emprunterons une première métaphore, puisque au titre de son ouvrage — *Le Yogi et le commissaire* (1942/1944), devenu introuvable en France — nous proposons de substituer, pour traiter du soin et de la gestion, le couple du thérapeute et du gestionnaire. D'Orwell nous retiendrons de son livre capital, *1984, la police de la pensée et le novlangue*.

Yogi et commissaire, thérapeute et gestionnaire, quels sont les rôles de chacun ? Sans trop hésiter, nous identifierons le thérapeute au yogi, attribuant à l'un les qualités de l'autre : la vertu contemplative, la sagesse, la connaissance. Quant au gestionnaire et au commissaire, outre l'assonance qui les rapproche, que font-ils sinon mettre de l'ordre dans le monde phénoménal ? Aussi, les rôles sont-ils distribués et les acteurs ne semblent pas œuvrer dans les mêmes réalités. Le yogi n'est pas attaché au matériel, il n'a d'entretien qu'avec l'esprit, son mystère et ses pouvoirs. Chercheur de vérité, il ne s'encombre pas de la limitation des contingences. Il s'adresse en l'homme à ce qui est à la mesure de l'homme. Son exigence de lumière, là où il se meut, ne souffre pas la compromission. Elle fonde ses valeurs, son éthique. Il est caution et garant de la rigueur d'une expérience libératrice. Il en connaît le prix et les moyens. Ubiquitaire, il est parmi les époques et les espaces, habillé d'oripeaux changeants et dépouillés. Une de ses incarnations possibles est précisément le thérapeute, comme le donne à voir le tableau de René Magritte, peint en 1937, qui porte ce nom, en un personnage nomade et vide dont le buste, le lieu du cœur, est une cage ouverte où deux colombes s'apprêtent à prendre leur vol, libres et patientes, sans crainte envers le voyageur énigmatique qui les a libérées. Tel est le yogi, insituable, disposant des clés de la prison mentale.

C'est peu dire qu'un avatar de cet acabit, descendant lointain de la lignée des thaumaturges et des puissances obscures, ne fait guère l'affaire du commissaire. Celui-ci, en charge des intérêts mondains et du maintien des normalités, a pour maître le pouvoir établi et pour références, circulaires, ordonnances et décrets légaux. Exécutant docile, il veille sur la communauté, peu tolérant aux excentricités. Indissociables du maître, désormais les épigones sont légion. Et dans celle-là s'active le gestionnaire, lui aussi fidèle à la mission de l'ordre. Son domaine est l'économie, enfin la partie comptable, épicière, de la discipline. Souvent doublé du bureaucrate, alter ego indispensable, on le voit penché sur le grand livre des recettes et des dépenses, en quête d'un impérieux équilibre pour lequel il risque carrière. On devine qu'entre le yogi et lui, il y ait peu de place pour le négoce.

D'être le garant de la liberté de l'esprit, y compris dans ses turpitudes et égarements, n'infère pas que le thérapeute soit dégagé des obligations et contraintes d'un réel d'autant plus prégnant qu'il est pour lui illusoire. On peut même soutenir que son éthique l'entraîne inévitablement à s'engager, à se reconnaître citoyen participant au spectacle du monde. Et, c'est là, aujourd'hui, qu'il a rendez-vous avec l'écrit d'Orwell. *1984* visait certes, en premier, le système communiste tel que la sympathie initiale et la déception d'Orwell le lui avaient fait éprouver. Mais le message était plus général, il décrivait par avance ce qui sera défini plus tard comme totalitarisme dont, on le sait, le fonctionnement suppose l'a-conflictualité, l'immobilisme, la réduction unidimensionnelle des processus sociaux, l'anesthésie de la pensée. Pour ce, une institution — une technique — est mise en place : la police de la pensée qui mène à une communication uniforme gommant toute hétérogénéité. Une langue adaptée, appauvrie (le novlangue), la sous-tend.

Il est toujours souhaitable de mesurer ses mots, d'apprécier la charge dramatique que certains contiennent, donc de les manier avec prudence compte tenu de leur rayonnement radioactif dont ils se perpétuent. Trop les banaliser est signe d'incohérence intellectuelle. Toutefois, il paraît qu'un décentrement a eu lieu qui concerne le totalitarisme. S'il fleurit encore, à la mode ancienne, dans quelques régimes dictatoriaux, il a engendré de lui-même une forme douce et invasive qui depuis quelques années contamine l'Occident. La campagne présidentielle de 1995 l'a nommée : pensée unique. L'expression a certes été fort employée et s'est quelque peu usée. Il n'en demeure pas moins qu'elle pointe une impasse de l'élaboration conceptuelle, voire son impossibilité délibérée autant qu'organisée. Tout en réaffirmant la nécessité de la prudence verbale, nous craignons cependant d'être entrés dans une période où les procédés mis en œuvre dans les univers totalitaires se retrouvent, d'abord subrepticement, puis formellement, à la base d'une pensée présentée comme la seule pertinente et la seule habilitée à parler d'une ère désignée comme qualitativement nouvelle où s'origine une seule politique possible, l'une redoublant l'autre et inversement.

Aux historiens de la pensée de repérer dans l'histoire de l'Occident l'existence d'une semblable période monolithique. Un simple regard sur les cinquante dernières années conclut par la négative. Jusqu'au milieu des années quatre-vingt, la pensée a été diverse, conflictuelle, soucieuse d'alternatives et non inféodée à un seul modèle. 1989, choisie comme année symbolique où il est admis qu'un siècle (le XXe) s'est terminé et qu'un autre le (XXIe) s'est inauguré, voit à la fois le maigre retentissement international de la célébration du bicentenaire de la Révolution française et, amplifiée, la fin du communisme dont on ne perçoit pas encore la portée de l'onde de choc que cet effondrement a déclenchée. De fait, un discours structuré a sombré tout comme les mots totémiques qu'il véhiculait. Ainsi un sort fut fait à la révolution et à l'histoire, toute allusion à ces cadavres devenant suspecte, risible, voire incompréhensible. Elle suffit à ranger ceux qui y concèdent, indécrottables impénitents, au mieux dans la catégorie des nostalgiques, au pire dans celle des attardés.

La mort ressemble au vide et le vide est un non-lieu angoissant. Peuplé de fantômes, il inquiète. La quasi-disparition du discours de l'utopie révolutionnaire laisse derrière elle une telle friche que la désolation règne. La vie momentanément l'a quittée. Cette terre est dorénavant livrée à la table rase. La pensée unique n'a eu guère à combattre. Elle a goûté, elle aussi, quelque temps à l'utopie. Le monde libéral qu'elle exprime s'est paré d'une allure de paradis. Mais la présomption étant trop affichée, et les résultats réels bien décevants, on en a rapidement rabattu sur le miracle pour vanter au contraire le réalisme et s'en faire le chantre. Se démarquant de toute agitation intellectuelle incongrue, s'affirmant fidèle aux leçons du prosaïsme quotidien, se détournant de toute projection au-delà du court terme, s'habillant de modestie et d'humilité apparentes, la pensée unique est une pensée du réalisme entendu.

Son armature en découle directement. Chez elle, ni finasseries, ni subtilités, ni élucubrations byzantines. Elle procède du martèlement du slogan relayé par les médias en un tintamarre éhonté. Ses mots, nous les connaissons tous : mondialisation ou globalisation, mutation, dérégulation, délocalisation, compétitivité, productivité, restructuration, redéploiement, flexibilité, etc. Papillon du soir, elle tourne indéfiniment autour de ses mots phares. Elle les répète, s'en enivre. Craint-elle de ne pas convaincre ? A trop sermonner, elle induit qu'en fait elle a peu à dire et que son étayage est des plus fragiles. Elle évoque néanmoins qu'elle tient sa rigueur de la technicité des recherches poussées en économie où fleurissent les mathématiques. Elle n'en fournit pas le détail au commun. Qu'importe, elle domine, sœur du novlangue dont elle copie le principe et la pratique du double langage. Moins prestataire qu'employée, elle est au service de la puissance et des pouvoirs qui, à partir de l'Occident, s'érigent en maîtres du monde. Elle ne se cache pas de cet impérialisme. Elle est l'antienne du camp des vainqueurs de l'an 89, leur porte-parole. Elle n'a pas de rivale, pourquoi prendrait-elle la peine de paraître belle ? Elle se contente de faire des ménages.

Les pieds sur terre, elle ne se déguise pas en aristocrate. Sa mission est simple : occuper le vide par ses incantations. Pensée simplificatrice, elle est idéologique. Dogmatique, bien qu'elle nie l'être, elle délivre un message universel, une vérité incontestable. Lisse, fluide, labile, elle désarme la critique ou ne l'accepte que si elle est inopérante. Elle transcende l'histoire pour en annoncer la fin (de cette annonce elle est d'ailleurs revenue). Elle efface tout écart ou aspérité. Elle annule le débat. Sa confusion, elle l'appelle consensus. Elle brouille l'échiquier politique et en appelle aux majorités transversales. Par exemple : comment distinguer entre ce qui se pose comme libéralisme social, et qui serait de droite, et le social-libéralisme qui serait de gauche, à moins que ce ne soit l'inverse ? D'ailleurs la droite encense Tony Blair salué pour son modernisme, alors que la gauche officielle est plus circonspecte devant l'après-thatcherisme en gants blancs. Comme le disait récemment un député de droite : « La droite, c'est la gauche moins les trente-cinq heures ! »

Certains qui crurent appartenir au camp du progressisme se retrouvent dans cette purge des idées reçues — celles d'avant — et se plaisent dans ce nivellement. Plus on jette aux orties ce qui fut aimé passionnément, plus ils renaissent. Nous ne parlons pas, bien sûr, de ceux, parmi les intellectuels, qui se sont couchés devant le libéralisme dès ses premiers feux — ils sont la mouture des néo-apparatchiks —, mais observons le débauchage des tièdes, la chasse aux infidèles auxquels se livre la pensée dominante dans le désarroi qui fait la morosité d'une époque. On dira que les ambitions et les accommodements personnels sont de peu d'importance. Effectivement. Ce qui nous occupe, c'est la fièvre cérébrale qui réduit au silence les beaux esprits, fièvre éruptive qui est apparue bruyamment vers 1983 — mais elle couvait depuis dix ans déjà — pour s'établir en plateau en 1989 et devenir, après, chronique avec ses acmés, ses acmés répondant aux prévisions et manipulations des chiffres lorsqu'elles la confortent. Les cerveaux sont donc fébriles et d'une production automatique. Cette langueur déguisée saurait-elle durer ?

La médiocrité intellectuelle de la pensée unique se révèle dans sa clôture qu'elle nomme, on l'a vu, réalisme — le sens de la responsabilité — dont elle se dit éminemment porteuse. Toute contestation est, de ce fait, qualifiée d'irréalisme (donc d'irresponsabilité), de passéisme, d'inadaptation. On ne compte plus les apostrophes méprisantes et condescendantes envers ceux qui osent encore mettre en doute son omnipotence. Sa clôture implique un terrorisme à peine discret et bien actif qui procède en induisant le ridicule, ce qui est encore un moindre mal, mais surtout, comme l'ont montré divers auteurs, en provoquant : la culpabilité, la honte, la peur chez les acteurs sociaux les plus exposés au malheur. Ses mots ne sont pas sans résonance — il y a des raccourcis historiques troublants bien qu'on ne puisse pas comparer le contexte et les risques afférents — avec des propos tenus en 1940 où le laxisme financier des élus de gauche, la concupiscence des masses du Front populaire furent vilipendés. On appela, on s'en souvient, à une restauration des vraies valeurs bafouées. Le discours unique se veut pur, objectif, prospectif et glisse vers le moralisme où s'exaltent le goût de l'effort, le sens de la discipline et du sacrifice. Il y a peu à chercher, les coupables sont désignés parmi le peuple des profiteurs. Les tours de passe-passe se multiplient, le verbe dérive, chacun se retrouve en nanti et ses privilèges sont cause de la misère d'autrui et des difficultés de la société à soutenir la concurrence de ses rivales étrangères. L'imagerie d'Epinal se caricature, la « culture d'entreprise » aidant. D'un côté, il n'y a que dirigeants lucides, hauts fonctionnaires zélés et entrepreneurs courageux, tous au front de la guerre économique et, de l'autre, les infâmes : les salariés, les syndicalistes, les assistés passifs enfermés dans leurs idéologies et corporatismes dépassés. On oublie de dire que la guerre économique — a-t-on jamais été en paix de ce côté-là ? — est d'abord une guerre d'agression contre ce qui fut acquis de haute lutte au sortir encore récent de l'esclavage industriel. Tout responsable conséquent devait s'inquiéter pour la démocratie de ce que livre — propos tenus sur une radio, exemple conjoncturel parmi mille autres — tel délégué syndical CGT lors d'une grève partielle déclenchée par des immigrés à Flins, chez Renault, expliquant qu'il n'engage pas son syndicat de crainte de figurer sur la liste noire du licenciement, toujours éventuel, toujours prochain. Il y a beaucoup à méditer ici sur le symbolique malmené : Renault, le laboratoire social électif, le syndicat qui renonce au combat face à la toute-puissance patronale. Ceux qui pourfendent la vieille pensée, ne voient-ils pas que nous sommes retournés à l'antique rapport de domination absolue du capital sur le travail ? Et si l'on prend le conflit au sein d'Air France de juin 1998 et sans se prononcer sur les revendications catégorielles des pilotes, que n'a-t-on pas entendu ? Le « Mondial » de football[1] promu moment

1. Ce qui a suivi l'événement a donné lieu, dans un climat d'euphorie pesamment orchestré, à une montée aux cieux totalement artificielle et à une grossière récupération politique. De quoi ose-t-on encore se plaindre dans la France unie qui gagne ? Ce matraquage médiatique apparaît prémonitoire de ce qui se passera probablement pour l'euro en décembre prochain.

social sacralisé — on a le sacré qu'on peut ! —, on a vu brandir le spectre de l'interdit de la grève en ces instants cruciaux relatifs au prestige de la France, reprenant la rengaine désormais familière de l'incivisme du gréviste, surtout s'il appartient au service public, tout en se félicitant que, entre juin 1997 et juin 1998, le nombre de jours de grève ait encore baissé. On a même parlé d'action terroriste de la part des pilotes, d'assassinat de l'entreprise. Ceux qui jettent de tels mots récolteront la tempête.

Le vacillement du monde n'a jamais été confortable. A changement d'ère, changement des mentalités. Il est indéniable que le développement des forces matérielles et technologiques bouleverse le paysage quotidien, les repères, la communication entre les êtres. L'effort d'adaptation demande une réélaboration conceptuelle, cognitive et affective considérable. Toute l'intelligence subtile devrait s'y consacrer en des démarches plurielles, inventives, au plus près de la vie des hommes de ce temps. Or, que voit-on, qu'entend-on ? La répétition soliloque d'une pensée plumitive qui s'autodécrète seule représentante de la modernité, relayée par un immense réseau planétaire au message univoque établi en vérité. Une industrie médiatique colossale s'est mise au service de l'idéologie libérale dans la diversité de ses expressions allant de l'ultra- au néolibéralisme. Il n'y a peut-être pas d'exemple dans l'histoire de l'Occident, nous l'avons déjà signalé, d'une telle hégémonie sinon en se référant au totalitarisme et à sa police de la pensée à laquelle la pensée unique emprunte la machinerie psychique.

Un tel déferlement implique qu'on en recherche les causes. Pourquoi cette offensive ? La vérité ne se martèle pas, elle s'impose de par son évidence, elle structure en tant que point incontestable d'émergence du réel.

Personne ne la possède. Son usage est dangereux. Ceux qui se l'arrogent sont des usurpateurs. D'être manipulée, la vérité devient relative et doit donc partager l'interprétation en permettant la pluralité des solutions. Une civilisation avancée ne tombe pas dans le piège de l'absolutisme idéologique. Elle maîtrise les pouvoirs. Elle n'y soumet pas le champ de l'élaboration sociale. Elle donne à la pensée ses espaces, accepte le libre jeu des contradictions. Bref, elle incite à l'exercice de la raison critique, en accepte la temporalité, la nécessaire latence de sa production. La pensée unique, elle, est inféodée. Ses maîtres, elle les a dissimulés un temps, puis elle les a nommés. Au premier cercle appartient le club relevé des penseurs monétaristes, des capitalistes financiers, des multinationales tentaculaires. Dans le second cercle se trouvent les exécutants, en particulier les politiques dans la sphère du semblant. Ce semblant est pervers car il fait croire à une mer étale au travers des permanences institutionnelles alors que le pays est en crise profonde. Les hommes au pouvoir sont sans pouvoir. Ils accaparent d'autant plus une dérisoire scène théâtrale que leur texte est sans souffle, leur jeu de rôle figé. Pouvoir de l'illusion. Leur statut mystifié n'abuse plus personne. Que le futur directeur de la banque européenne soit français à mi-mandat et que cela puisse être présenté comme une victoire de la détermination gauloise est lamentable. Un pion tricolore remplacera un pion hollandais pour appliquer la même politique financière. Notre volatile emblème national est monté sur ses ergots. Sa « détermination » ne signe en fait que le déclin des Etats-nations, dont le nôtre, face à la domination insolente de l'argent roi et des institutions internationales à sa dévotion en ce temps où le FMI fait et défait l'Indonésie, en prélude à bien d'autres...

Personne ne sourcille plus au spectacle de chefs d'Etats relégués en position de VRP des entrepreneurs de leurs pays. La pensée unique vient donc en justification de cette mascarade où la politique abdique face à l'économie en une régression pourtant que l'histoire a déjà jugée et dont on sait quelles catastrophes elle a engendrées. D'où l'insistance itérative à discourir dans le monolithisme afin de niveler, traquer la contradiction et l'imagination, masquer l'abdication majeure de cette fin de siècle qui conduit à faire rêver les hommes, Mondial de football excepté, sur la stabilité monétaire, la réduction des déficits publics, le différentiel d'inflation et le désendettement.

L'histoire dira si la conversion des forces qui se disaient progressistes, en l'occurrence celles représentées par les socialistes, au modèle dominant du néolibéralisme a été rupture avec la tradition sociale du pays aux conséquences incalculables, et si les véritables fossoyeurs, sinon de l'utopie du moins de la créativité politique, n'ont pas été ceux qui se réclamaient du progrès. D'ores et déjà leur responsabilité est lourde, ils ont désespéré bien au-delà de Billancourt. Praticiens disciplinés du novlangue, à peine revenus aux affaires à l'issue d'un accident historique grotesque : celui de la dissolution de l'Assemblée en 1997, ils se précipitent à Amsterdam pour entériner un traité contraignant qu'ils contestaient peu avant et s'engagent dans la monnaie unique sans garantie sociale. Thuriféraires du modernisme clinquant, ils n'ont de cesse qu'ils ne montrent à quel point ils sont les plus fins traducteurs du novlangue et les meilleurs exécutants du diktat bancaire. Sont-ils donc à ce point avides de rendre compte aux instances impériales de la finance ? Doivent-ils donner autant de gages pour demeurer en ces places de pouvoir sans contenu sinon celui de ce semblant qui fait accroire ?

Ce qui reste de la pensée politique devenant alors instrumentalisé, agrégé docile des machines électorales cyniques que sont devenus les partis.

Vide de pensée et perspectives drastiques dévoilent la fragilité des identifications, mobilisent les pulsions et défenses les plus archaïques du sujet : son agressivité, son repli abandonnique sur lui-même, d'autant plus manifestes quand on quitte l'univers du discours pour les effets psychiques de ce discours. Qu'en est-il de l'autre, quand l'autre n'a pas de place, c'est-à-dire quand on pense pour lui et qu'il n'y a pas d'accueil pour ses représentations ? Le comportement du Premier ministre Juppé fut à cet égard caricatural. Pure émanation de la « noblesse d'Etat », apprenti sorcier de la politique, il est l'exemple de ce que peut produire l'apanage d'une couche sociale restreinte, certes, en son nombre, mais omniprésente dans la vie publique dont par une divine clairvoyance elle a tendance à s'accaparer le destin. « Je pense pour vous. Qu'avez-vous à demander de plus ? » semblait-il dire. Qualifié de « meilleur parmi nous » par le président, distingué « cerveau le mieux fait de l'hexagone », il ne pouvait, de son piédestal, entendre un point de vue différent du sien, ni même supposer qu'il pût en exister un de quelque crédibilité. Politique surprenant vu son poste et ses attributions nombreuses, il est, de par son aveuglement, un des responsables de la crise aiguë ouverte à droite depuis plus d'un an et qui prend des allures de déflagration dont, hormis ceux qui ne vivent que de soucis électoralistes, personne ne peut se réjouir. Une droite républicaine, avec un programme, certes discutable, participe de l'alternance démocratique tant qu'elle témoigne de son respect des institutions. Déconsidérée, balayée, on sait qu'elle ouvre un boulevard à la droite extrême dont il n'y a pas à élucubrer sur le néo-fascisme puisqu'elle est néo-fasciste et peut se prétendre, dès lors, seule opposante à la majorité actuelle. De cette dernière, on peut douter. Dépourvue de militants actifs, sauf à l'extrême gauche, d'organisation de masse, ambiguë dans la mesure où elle participe à la restauration conservatrice inaugurée dans le milieu des années soixante-dix, serait-elle capable de mobiliser face à un processus révolutionnaire d'extrême droite, celui qu'annonce l'explosion sociale sans cesse différée, inquiétante, éprouvante comme un orage qui n'éclate pas ? Sur qui devra-t-on compter alors ? Sur les syndicats ? La mobilisation citoyenne ? L'incertitude — le mot est faible — sur la capacité des dirigeants politiques de se lier à des mouvements authentiquement sociaux ou citoyens — le dernier exemple en date, celui des chômeurs, par rapport auquel on peut dire que la majorité actuelle et les syndicats furent bien frileux — appelle à agir dans le sens d'une invention d'autres formes d'actions, autonomes, innovantes et totalement déterminées à sauver ce qu'il reste d'Etat républicain. Pour en revenir à Juppé, et compte tenu de ce qu'il fit et engendra, que Dieu nous préserve de l'omniscience !

Une attitude comme la sienne, emblématique des représentants de la technostructure, ne peut que figer le fonctionnement psychique nécessaire à la communication. La psychorigidité de l'un en position de maître revient à imposer à l'autre le seul mode d'expression de la persécution et de la projection persécutive. Des rationalités hétérogènes n'ont plus alors possibilité de se rencontrer, sinon dans un conflit a-dialectique, a-dynamique, comme dans une famille où on croit se parler et où on ne se parle pas. Prenons des exemples connus de tous, transmis par l'information neutralisée. Comment comprendre qu'à chaque fois qu'un plan social de réduction d'emplois est rendu public par une entreprise les actions la concernant montent en bourse ? Que le groupe Electrolux publiant, l'été dernier, les bénéfices (1996) les plus importants réalisés au cours de son histoire supprime dans le même temps trois mille emplois ? Que la dame la plus fortunée de France augmente chaque jour de soixante-trois millions de francs son capital par simple jeu boursier alors qu'on fustige, dans les milieux financiers, l'augmentation du SMIC de trois francs par jour qui, bien sûr, grèvera lourdement l'économie nationale ? La muflerie est sans limite, et de tels raccourcis peuvent se faire désormais sans choquer, pas plus que les allusions racistes du quotidien. Certes, du point de vue de la pensée unique, il n'y a là aucune difficulté logique puisque gains de productivité et profits sont la finalité même de l'entreprise. Le facteur humain n'existe pas. Il n'est pris en compte que dans une logique opérationnelle, tandis qu'au niveau citoyen, conscient de l'extension de la zone des précarités en Europe occidentale, la recevabilité de tels faits est de l'ordre de l'inconcevable. Le citoyen découvre que l'économique n'est plus au service d'un destin collectif même conflictualisé mais qu'il ne vise qu'à se satisfaire, s'autoreproduire dans ce monde sans âme qu'est le marché où n'intervient pratiquement plus de régulation étatique concertée. La psychologie connaît bien l'effet retour de cette intrusion sauvage du réel : incrédulité, stupeur, sidération, syntones de ceux de la clinique sociale. Autre exemple encore, prosaïque nous en convenons : le débat croissance / emplois et propos pris à la volée sur une radio. A quelques mois d'intervalle : campagne des élections législatives printemps 1997 et automne 1997, deux membres éminents de l'ex-majorité, à savoir Raymond Barre — « le meilleur économiste de

France » — et Philippe Seguin, glosent sur le sujet. Prudents, dans leur première intervention ils ne s'avancent pas sur l'éventuelle création d'emplois en cas de croissance durable, rompant là avec un pseudo-dogme de la pseudo-science qu'est l'économie qui affirmait, semble-t-il, le contraire (en juin 1998, on prévoit de nouveau : croissance = emplois). Les deux leaders de droite sont alors en campagne électorale. Quelques mois après, la nouvelle majorité publie les chiffres prévus de la croissance : 3 %. Les mêmes (Barre-Seguin) s'étonnent alors qu'on n'annonce pas de créations d'emplois. Passons sur l'utilisation politicienne des chiffres pour ne retenir que l'impossibilité d'entendre un point de vue objectif sur croissance et emplois. Que la pensée unique soit versatile, qu'elle soit répétitive et sans vertu pédagogique sinon laborieuse, vulgaire, nous n'en doutons pas, mais que résulte-t-il de cette valse hésitation des esprits autorisés, sur ce point et sur bien d'autres ? Y a-t-il, y aura-t-il des incidences graves de la crise asiatique ou de la russe sur l'économie occidentale ? Rien que la confusion, la confusion psychique source de paralysie de pensée ?

Un discours qui nie l'altérité, qui décline le réel — mais duquel parle-t-on : du « réel » arrangé du réalisme ? — sans médiation, qui ne permet l'alternative qu'en la créditant de suspicion et de péjoration, fige la représentation et induit des processus psychiques mortifères inhibiteurs de toute activité réflexive. Plus graves encore sont ses corrélats comportementaux dont le triptyque : résignation, soumission, démission ou état d'indifférence. Tous signent la régression du sujet, du citoyen. Symptômes psychiques inquiétants d'une démobilisation politique, certes, mais surtout de la perte des investissements, dans l'incapacité de se projeter un futur motivant, d'un désarroi, d'un glissement vers le désespoir, donc d'une dépression du sujet, du groupe. On ne crée guère dans la dépression. On subit en attendant que la réparation, la restauration de l'intégrité se produisent. Il est toujours à craindre que leurs effets ne surviennent trop tard et que la mort psychique, sociale, physique ne soit irréversible. Cet état ressemble fort à ceux qui ont été décrits lors des écrasements totalitaires ou lors d'épisodes historiques traumatiques. Les politiques qui par fonction se disent les prospecteurs de l'avenir ne font pour la plupart que caqueter autour du discours dominant. Véhiculant les mêmes affirmations, obéissant à sa logique primaire, insistant sur la faiblesse de leur marge de manœuvre — ce qui confirme leur impuissance — quant à leur influence sur les événements, non seulement ils contribuent à la disparition de l'autonomie de la politique mais ils participent au rétrécissement général de l'expression citoyenne et à l'affaiblissement du lien social qui en découle. Se féliciterait-on en haut lieu de cette « paix sociale » indigne due à l'absence de réponse, de combativité de citoyens exsangues avant d'être exclus ? Que ceux qui ont porté un temps la nécessaire critique sociale persistent dans leur docilité et ils auront failli. Leur responsabilité sera à la mesure de leur défaite.

La facilité avec laquelle s'exerce la grande manipulation dans l'affirmation d'une seule politique possible, *la* seule, ne serait sans doute pas aussi cavalière s'il n'y avait eu l'effondrement du pseudo-communisme bureaucratique. Les gangsters affairistes et népotistes qui s'étaient arrogé à l'Est le monopole de l'espoir de l'humanité n'ont pas sombré, eux. On doit les retrouver à tripatouiller dans les mafias ou dans l'ultralibéralisme avancé ou à négocier au couteau des pouvoirs locaux. Face à l'histoire, leur tort n'est pas seulement celui, immense, d'avoir organisé, cautionné le totalitarisme stalinien et poststalinien et d'y avoir participé, mais d'avoir tué une idée force, un modèle possible qui permettrait de sortir l'humanité de la barbarie, que celle-ci fût latente ou dissimulée. Ils ont anéanti la possibilité d'une projection créatrice où puissent se formuler les idéaux collectifs les plus généreux qui supposaient la juste répartition des richesses, l'égalité des chances, les droits de chacun, le libre partage des ressources du monde, la fin des exploitations inhumaines et du féodalisme oppresseur des lobbies, etc., en posant les conditions d'une humanité enfin consciente d'elle-même et capable, selon la belle expression de Marx, de passer du règne de la nécessité (la survie) à celui de la liberté (l'épanouissement). Ce rêve a nourri des centaines de millions d'hommes de par le monde dont certains furent parmi les meilleurs de ce que l'humain a produit, capables — aujourd'hui cela semble dérisoire — de mourir pour leurs idées, pour ce qu'ils imaginaient d'un futur qu'ils ne connaîtraient pas. Qu'importe ! le jeu d'une telle vie en valait la chandelle. On peut moquer la religiosité ou l'idéalisme de telles attitudes où se regroupent christianisme et communisme primitifs dans leur errance partageuse. Toujours est-il que la noblesse de « l'objet psychique » d'alors doit en remontrer à celui, exalté aujourd'hui, de la pure satisfaction égotique. Et puis, à l'encontre de la pensée unique de maigre consistance, le corpus théorique du progressisme n'était pas négligeable : critique de l'économie politique anglaise, de la philosophie allemande et plus précisément celle de Hegel, connaissance du Siècle des lumières, de la Révolution de 89 et du socialisme utopique français du XIXe. Ça avait de la tenue dans l'élaboration et c'était bien loin du petit fatras qui sert à alimenter la pensée dominante, son rabâchage compulsif et ses équations élémentaires.

*
* *

L'effondrement du prétendu communisme a précipité la chute de l'ensemble des textes et actes fondateurs de l'espoir ouvrier dans le même abîme d'infamie, considérés comme induisant inévitablement et directement la construction des systèmes de terreur. On refuse de parler de perversion ultérieure de la pensée originelle du socialisme en affirmant que le système engendré sur cette base conceptuelle ne pouvait être que ce qu'il est devenu. L'escamotage, qui frise l'imposture intellectuelle, de la confiscation par des aventuriers, des médiocres, des soudards, la plupart du temps des analphabètes qui auraient tout autant pu embrasser des causes inverses — et la frontière entre ceux-là, les staliniens, et ceux-ci, les fascistes, a été souvent poreuse — d'une pensée qui les dépassait et dont ils se sont servis pour aveugler — là aussi la manipulation fut gigantesque —, permet maintenant d'amalgamer pensée et factuel, de distribuer le blâme solennel et l'opprobre et de boucler le numéro d'illusionniste sur l'inanité de l'idéologie communiste et, bien entendu, de la gauche toujours qualifiée « d'archaïque ». Les avantages politiciens immédiats de la mise en conformité des politiques avec le diktat économiste — le fatalisme du : « C'est comme ça » — justifient ce crime contre la pensée. Curieusement, les affamés, les grisés du pouvoir, les carriéristes de tous les pays se retrouvent dans cette mise à mort orchestrée. Face au livre noir de l'abomination — le communisme stalinien —, le seul à opposer est celui de l'équipe de Pierre Bourdieu sur la misère du monde. Malgré leur volume identique, le second paraît bien moins fourni que le premier. Comment en disconvenir ? Mais, peut-être n'est-on qu'au début de l'inventaire de cette misère, ici, en Occident, sachant que ce dernier dispose des moyens de conjurer le paupérisme.

La table rase de ce qui fut la référence, et pour beaucoup non dogmatique, d'une pensée opérante, analytique et interprétative du chaos de l'histoire et des luttes sociales a laissé place à une vacuité, dans une certaine mesure terrifiante par ce qu'elle signe d'absence insupportable. C'est un deuil, non pas des pays de l'Est qui ont toujours été sinistres et le seront encore et pour longtemps, même estampillés libéraux, mais un deuil d'expression. Un régime sournois d'intimidation — voire d'interdits — dont on a beau jeu de dire qu'il n'est que la réplique de ce qui a été le terrorisme intellectuel des années cinquante et soixante, quand la norme dominante dans l'intelligentsia était tout ce qui fricotait autour du marxisme même édulcoré et révisé, s'installe autour de toute velléité d'une pensée de gauche qui tendrait à se ressourcer en une approche y compris critique des textes fondateurs ou inspirés par eux. Toute échappée de ce côté-là est traitée par le sarcasme, l'ironie mordante et le mépris. Les perroquets actuels du tout libéral ont sans doute tort de mésestimer l'impact récurrent des pensées et de se croire en terrain définitivement éradiqué des fantaisies passées. On ensemence peu sur des terres brûlées mais, surtout, la prétendue disparition de modèles concurrents, alternatifs au leur, devrait les préoccuper, eux les adeptes idolâtres du marché, car le pas est déjà franchi de l'hégémonisme au monolithisme dans le monopole de pensée.

Il y a d'ailleurs d'étranges cécités et surdités. Par deux fois, au moins, des économistes qui ont bien de quoi rivaliser en titres et en compétences avec ceux au service du libéralisme, en France (juin 1996) ou en Allemagne (1998), pétitionnent et manifestent sur la possibilité d'une autre politique. Leur offre-t-on échos et relais médiatiques ? Que non. On les signale comme des curiosités anatomiques. Une constellation critique toutefois tend à émerger. Un réveil s'amorce. Des livres circulent, irrespectueux, insolents, dans le prolongement des textes pamphlétaires, des apostrophes des penseurs politiques et philosophes de la tradition comme si la pensée souffrait de ne fonctionner que sur un seul mode, une seule tonalité, une seule acception, et qu'après avoir souffert, elle éructait, expectorait avant de tonner. Il y a de la santé intellectuelle dans l'air à sortir du marigot consensuel, du conformisme épais. La pensée sort de l'anesthésie car anesthésie il y a eu. Ça grelotte encore un peu mais ça s'ébroue. Il faut attendre, sans doute pas trop, pour que les plumes se lissent de nouveau. Ce réveil redouble celui de novembre et décembre 1995. Les événements d'alors, inattendus, ont donné lieu à assez de commentaires pour que nous en rajoutions. Nous ne ferons pas l'apologie d'un mouvement dont on eût aimé plus d'imagination, plus d'inventivité, plus de défi, y compris ludique et complice, dans les modalités d'action. On a pu regretter ses relents quelquefois ouvriéristes ou exalter son exemplarité. On a vu également le clivage des intellectuels, d'évidence secoués et désarmés devant le mouvement. Est-il irréversible ce clivage ? Il n'y a pas à céder au manichéisme, les positions ne sont pas figées, les camps définitivement choisis. Il y a eu controverse et elle dure. Elle a ouvert un écart de pensée où se fendille l'édifice du libéralisme galopant.

Le léthargique, le perfusé (une partie du corps social) s'est donc réveillé alors, manifestant d'étonnantes défenses, à tel point qu'on a pu évoquer un esprit de résistance. De même à l'occasion du mouvement des chômeurs en voie d'une difficile reconquête d'identité et de dignité, ou encore dans la synonymie avec la formule allemande et syndicale de « l'interdit de régression », c'est-à-dire le pouvoir de dire non, de signifier la limite à ne pas franchir dans la remise en question unilatérale des acquis sociaux, sauf à déclencher des réactions radicales, et quelquefois désespérées ; les plus dangereuses. Certes, il n'y a pas à se gargariser d'une exaltation théâtrale de la résistance, ni à la constituer comme valeur refuge. Mais la résistance est une valeur. Son message, parmi nous, certains l'ont au cœur, même si le mythe gaullo-communiste de la France armée a fait long feu et qu'on s'en gausse aujourd'hui, l'image s'étant inversée. A la France combattante on substitue maintenant la description d'une masse amorphe, passive, obéissant aux vents contraires, aveugle aux infamies dont furent l'objet des minorités, des marges, puis elle-même. Nous ne jugerons pas ceux qui nous ont précédés dans ces temps obscurs et qui s'obstinaient à vivre. Reste qu'on se découvre dans ce pays, induits ou pas, les héritiers d'un pétainisme latent, d'une propension à céder au fatalisme, à communier dans « l'àquoibontisme ». Sur ce terreau, la police de la pensée ne peut que proliférer. Résister, c'est être fidèle à ce que, institué comme valeur, définit une éthique ; ici ne pas accepter une prétendue loi d'airain qui vise à étendre le champ des inégalités, à tout subordonner à l'argent roi, à décréter le profit comme seul facteur de la dynamique sociétale, à désigner les plus démunis comme fauteurs de troubles économiques, à démanteler les solidarités nationales et réseaux publics qui assurent la cohésion sociale. C'est affirmer aussi que rien n'est inéluctable, qu'une réversibilité est possible dans les choix de l'économie en rétablissant ce qui a été brisé : la concordance du progrès technologique et du bien-être collectif. L'arrogance de quelques-uns écrase, qui confisquent pour eux seuls les prodigieuses richesses planétaires tout en persévérant dans leur jeu de loto. Nous ne cédons pas à une logomachie ancienne en écrivant cela, c'est la police de la pensée qui impose la diatribe en ne cessant de dénoncer et de débusquer des coupables, en contestant que son monopole puisse être illégitime. En décembre 1995, et depuis, dans le balbutiement peut-être, une résistance a parlé. Désormais, il faudra compter avec elle.

*

* *

C'est le moment de retrouver le couple du thérapeute et du gestionnaire pris dans les rets de la logique libérale et de la fameuse réduction des dépenses de santé. Le gestionnaire appartient à l'administration. Quel que soit son grade, du plus élevé au subalterne, il est relais important dans l'application des décisions et, désormais, soumis à l'obligation de résultat. Que son profil de carrière se ressente d'une bonne exécution des ordres, en l'occurrence d'une gestion saine, c'est-à-dire allant dans le sens d'une réduction des dépenses, est indéniable. Réquisitionnable, en butte à sa hiérarchie, exécutant, il faut reconnaître qu'il a peu le moyen de modifier individuellement la donne. Il faut tout autant reconnaître qu'il est dans la grande majorité des cas identifié à sa fonction et qu'il agit sans grand état d'âme. A l'époque du ministère Juppé où la situation dans le secteur public fut particulièrement tendue, on a vu s'activer une bonne couvée de petits chefs soumis à des accès d'autocratisme, empruntant au Premier ministre ses mines d'autosuffisance, adoptant son ton cassant, tranchant dans le vif sans appel, jouissant presque de devoir casser du « public ». Le tout agrémenté — prenons les hôpitaux — d'un côté revanchard envers les médecins, particulièrement les responsables de service, qui n'ont pas été en reste dans leur tradition des mêmes attitudes, ces médecins définis comme des bonnets d'âne de l'économie et de la gestion, ces hors-circuits dans la lecture des lignes budgétaires où s'épanouit l'ésotérisme comptable, et, par là, considérés comme des dépensiers impénitents toujours engagés dans des projets plus ou moins jugés fumeux et destinés à les faire valoir. De l'intérêt de l'usager — du patient — de la part des soignants — ce qui est la moindre des choses — il n'est jamais question. Toute évocation de cet importun, à la limite objet d'une évaluation chiffrée, est jugée comme démagogique.

En ce registre du budgétaire, un beau miroir aux alouettes, un gadget est proposé : l'hôpital entreprise. Et nous voici propulsés dans le mirage, la distorsion, l'ajustement aux forceps de notions étrangères. A croire que des murs, des hommes, des activités, plus, évidemment, des ordinateurs, définissent l'entreprise humaine dans son profil général et que, de là, l'hôpital public répondant à ces critères généraux, il suffit d'y appliquer selon la dominante idéologique actuelle — et la « culture d'entreprise » a fait florès lors des septennats Mitterrand, alliée à la tentative de séduction répétée du patronat dont il se bat l'œil et qui s'est poursuivie et se poursuit sans discontinuer — les règles et méthodes de l'entreprise privée. Volonté, donc, de cadrer la finalité du soin, qui est la raison d'être du lieu dit de soin dans un glissement conceptuel de la dispense de soins à la production de soins, et d'engager ainsi le lieu de soin dans une logique importée, une pensée plaquée, qui a pour but de réguler et orienter dans le sens commun aujourd'hui érigé en vérité — une nécessité trafiquée —, à la fois dictée par la productivité, la rentabilité et les fourches caudines de la réduction des dépenses. Changement capital de champ et de perspective par simple permutation sémantique, où vont se précipiter nombre de gestionnaires, actualisant à cette occasion en eux-mêmes des rêves d'entrepreneurs, frottés au risque, appelés à des fictions prospectives, devenus chefs d'établissement autonomes d'une autonomie dérisoire et promus capitaines de l'industrie du soin. Dans la manœuvre, il y a eu transfert de pouvoir. Celui qu'on avait cru être médical : établir des projets de service, en rapport avec ce qui est perçu de la demande de l'usager, de l'évolution des pathologies — ce qui est entre autres le défi permanent de la psychiatrie publique —, et qui s'inscrivent en projet médical d'établissement lui-même budgété par chapitres, se retrouve être à la discrétion de l'équipe de direction locale, puis des tutelles dans un grand ensemble bureaucratique hiérarchisé et pyramidal où le quantitatif, toujours, l'emporte sur le qualitatif. Ce dispositif à étages est dans son gigantisme — qu'on se réfère aux grandes régions du type de l'Ile-de-France —, la lourdeur de son fonctionnement — on ne compte plus les commissions et les instances pseudo-décisionnelles —, l'illustration même de la coupure progressive d'avec les réalités du terrain, mais, en premier lieu, de la confiscation du pouvoir et de son octroi à un décideur ultime quasi inaccessible. La parole plurielle, le dialogue, la concertation s'évaporent à mesure que se dissipe le peu de vie dès qu'on entre dans le système des tutelles et planifications régionales, bien que les acteurs de santé soient de plus en plus sollicités dans une parodie d'échanges qui n'est que la réplication de ce qui se passe dans la société globale.

A priori chaque sujet a affaire avec la gestion dont le principe est légitime. D'ailleurs le terme gérer est en inflation langagière, employé pour tout et partout en témoignage du novlangue. Chacun se partage pour organiser sa vie entre sa colonne dépenses et sa colonne recettes. Il arrive même que des administratifs aient talent personnel et lucidité comme ceux qui ont su discerner l'avenir au travers des propositions des thérapeutes novateurs, et accompagner la « révolution culturelle » de la psychiatrie. Il n'est que de reprendre l'histoire de la psychiatrie française des années cinquante / soixante pour savoir qu'il y eut des rencontres décisives entre les deux partenaires du couple thérapeute et gestionnaire et qu'il peut y en avoir heureusement encore dans ce que nous avons nommé plus haut le reste de l'Etat républicain. Mais le couple est un vieux couple qui marmonne avec des habitudes de vieux couple. Chacun connaît les recettes de l'autre, ses tics, ses reparties attendues. L'un est le vecteur obligé du discours dominant, un des rouages indispensables à son application réelle : la clôture de son propos, clone de celui de la pensée unique, génère l'immobilisme en un dialogue formel, atone, nul. L'autre, le thérapeute, est désarmé devant l'autorité programmée. Certes, parmi ses pairs, il y a de sacrés oiseaux, des paradeurs, des promoteurs d'autoréputations. Il y a aussi des dépassés, des obsolètes, des experts en langue de bois soi-disant fondée sur la clinique et qui radotent sur des âges d'or qu'eux seuls, apparemment, ont connus. Ceux-là ont besoin de garde-fous. Dans leur malaise et leur trivialité, ils contribuent à la disqualification du discours soignant déjà victime de l'a-priori gestionnaire qui a institué une hiérarchie de discours où l'échange partenarial nécessaire, soin / administration du soin, n'est plus possible. La raison économique se pose en raison pratique. Elle déguise ses objectifs.

L'usager ne perçoit pas encore les effets des démantèlements aujourd'hui à l'œuvre, ni les signaux d'alarmes émis par les thérapeutes. Ils seront sous peu probants. Si le train des réformes audacieuses poursuit sa route, il est à craindre de douloureux réveils. Il sera bien coûteux de reconstituer des services performants qui auront été bradés. D'avoir tant vanté le système de santé français, avec les accents cocardiers dont nous sommes très amateurs, a masqué en fait ses insuffisances, ses failles et quelquefois ses indigences que perpétue le tour de passe-passe auquel les décideurs se livrent sous le paravent de la rationalisation et de l'obsession boutiquière du déficit. Sous une parole créditée de responsable et de soucieuse de l'intérêt commun, de l'avenir de nos enfants, agit une rigide mise en question du dispositif de soins, en une mixture où tout se mêle et dont il apparaît que, comme pour la question salariale, les plus démunis — ici, les coupables du trou de la Sécurité sociale —, les usagers consommateurs boulimiques, les prescripteurs et leurs collaborateurs sont les fautifs. Les premiers encouragés dans leur dépendance par les seconds, incitateurs intéressés ou passifs, insuffisamment au fait des techniques modernes et qui vont payer les uns pour leur avidité et les autres pour leur incompétence. L'éducation à la santé souhaitable devient rééducation et la formation médicale continue, en ce sens, un contrôle caporaliste des connaissances bien loin de toute motivation intellectuelle.

En disqualifiant le discours du thérapeute, le gestionnaire se disqualifie lui-même. L'autre, qu'il cherche à convaincre ou embrigader, ne le reconnaît plus. Le lieu de parole qui fait la relation humaine ne résiste pas à cette disparition de l'altérité. Les mots clés du novlangue — dont l'un : évaluation, fait fureur — ferment toutes les portes. Comment un thérapeute peut-il donner son aval à une logique implacable qui, ancrée dans la seule considération du prix et du coût, mènera fatalement à l'euthanasie active, car comment contenir l'hémorragie financière consécutive aux soins de tous ces vieillards en réanimation, de tous ces tarés du gène, de tous ces handicapés, de tous ces infectés, de tous ces poids morts d'une société jeune et dynamique axée sur l'individu et le profit immédiat ? Le modèle publicitaire de l'homme du troisième millénaire proposé dans le dépliant du libéralisme a quelque familiarité dans ses éphémères réussite et jouissance carnassières avec le robot. Bien entendu, il ne s'agit là que d'imaginaire. Cet homme-là n'est pas. Il est paradoxalement heureux qu'il existe une souffrance humaine pour rappeler que tous les jeux du virtuel ne tiendront guère face aux réalités des désirs et de la conscience de ce qui est dû au citoyen après qu'on lui a tant demandé de donner. Aussi est-il rassurant d'entendre un professeur de gestion, spécialiste en économie de santé, expert attaché d'une agence régionale d'hospitalisation et peu enclin à flatter le thérapeute, s'exclamer dans un colloque, ému par ce qu'il entend ici ou là, dans les allées des pouvoirs, dans des commissions ad hoc : « Au secours, Marx ! Reviens, ils sont devenus fous ! »

Quand on voit ce qui se profile de la détresse d'une société, de l'étendue de la misère psychique, des pénétrations actives et morbides de l'exclusion et de la dysharmonie sociales, on ne peut écarter la possibilité prochaine de nouveaux grands renfermements. Face aux politiques et pouvoirs qui se succèdent, dont le profil plutôt bas est semblable et qui ne maîtrisent que leur ombre, il y a le manifeste de Marx, il y a aussi d'autres mots comme : « Pardonnez-leur car ils ne savent pas ce qu'ils font. » Evangélique, il est difficile de l'être, angélique encore moins. Nous n'avons guère à pardonner et surtout nous n'oublierons pas.

Le retour des sens

« Nous qui désirons sans fin »
Raoul Vaneigem

Il fut un temps où la psychiatrie était *politique*. Le lien de la psychiatrie et de la politique est ancien, puisque originaire, dissimulé ou reconnu selon les conjonctures. Des noces spectaculaires entre la psychiatrie et la politique furent consommées durant la décennie 1960 / 1970 et prolongées peu après. Une société était interrogée, librement, dans ses mécanismes grossiers et raffinés de dénégation, d'intolérance et de rejet. Déjà l'exclusion était pointée et le paradigme de l'exclu était le fou. Mais cet exclu historique, livré au pouvoir absolu du droit et de la médecine, parent pauvre, fut soudain paré de noblesse. Il était ce que nous étions sans le savoir, et la difficile restauration de son être, ce qu'elle désignait des instances plus répressives qu'interdictrices, nommait le non-dit des pratiques sociales face à l'émergence de la société marchande, préoccupée de normalité(s) et de conformisme, qui se déploie aujourd'hui. Nous avions avec le fou le modèle de la dissidence en Occident comparable à celui de la dissidence politique à l'Est. Les lucides pionniers, experts en science de la folie, qui avaient repéré dans la souffrance du sujet le reflet de la souffrance collective, dans la manifestation exubérante du symptôme, la pathétique résistance de l'individu à l'écrasement et contribué à la mise en question des institutions destinées à les cadrer furent relayés par une mode éditoriale qui, durant presque une décennie, eut le mérite, malgré son mercantilisme, d'offrir à ces penseurs et praticiens minoritaires une audience publique considérable. Aussi apprit-on que ce cadrage de la déviance, la surdité à la parole vivante qui s'exprimait dans le non-conforme, voire la provocation, s'appelaient abusivement le soin, aussi décalés par rapport au sujet que l'étaient les instances dirigeantes face à ce qui apparaissait en Occident dans les profondeurs sociales et voulait changer le mode d'être au monde.

Nous sortons, ces jours, de la célébration un brin artificielle et, somme toute, ridicule — encore une opération éditoriale et médiatique ! — du trentenaire de Mai 68. Nous ne nous prononcerons ni sur les quelques révisions honteuses de messages tant célébrés d'alors, ni sur la facilité à produire du cliché de la part des commentateurs d'aujourd'hui, ni sur l'intenable comparaison avec le mai de l'espoir et le mai de l'euro et du pré-Mondial. On ne sait jamais ce que retient l'histoire, ni ce qu'elle fabrique, ni comment on la fabrique. L'autre mai, le mai 58, qui donna naissance à la Ve République est-il moins important ? Toujours est-il que, maintenant, Mai 68, ce temps dit de l'excès et de la débauche idéologique, selon certains qui ne font pas mystère d'être rentrés au bercail de l'honorabilité, est embaumé, empaillé, donné à voir comme spectacle non dépourvu d'anachronisme et, surtout, raillé. Après l'avoir exalté et jugé libératoire, on l'assigne désormais responsable, dans son illusion lyrique, de nombreux maux dont se plaint le corps social. Comble, à écouter les repentis, de l'utopisme, propagateur de fantasmes extrêmes, politiquement immature, culturellement indigent, il a perverti les esprits et les mœurs d'au moins deux générations et empêché l'indispensable cure de réalisme et de responsabilisation dont la France, en particulier, avait besoin pour affronter l'horizon 2000. Heureusement, poursuivent les contempteurs, ces fantaisies ont fait long feu et nous voici enfin débarrassés des derniers miasmes libertaires, des incantations et gesticulations, du chahut et de la chienlit, incompatibles avec le sérieux et la respectabilité des mondes des affaires et du pouvoir. Mai 68 est au musée où on le visite à voix basse comme dans une église, avec ennui.

Que le trentenaire soit une entreprise idéologique ne surprendra personne. La convocation, trente ans après, de quelques acteurs d'alors, toujours les mêmes, est comparution de vieillards, bardés de deux ou trois anecdotes, partageant le sourire entendu et la bienveillance paternaliste quant aux frasques passées. A croire que personne n'y a cru à ce carnaval, et que la distance et la componction affichées en quatre-vingt-dix-huit étaient déjà présentes au cœur de l'action. La police de la pensée n'a eu guère à chercher. Elle a trouvé là de dociles sous-fifres se répandant d'abondance sur la mort du rêve et la traque de l'imaginaire collectif, d'autant plus autorisés qu'ils y furent, de ces temps-là. On a donc conduit les funérailles de Mai 68 avec quelque impatience. Ne pouvait-on attendre le cinquantenaire, qui aurait eu un peu plus de gueule, en une sorte de cérémonie à la Verdun ? Non, la police de la pensée se devait de poursuivre l'éradication des mystifications passéistes et rompre les enchantements dont Mai 68 et ses succédanés doivent nécessairement être le dernier quadrille. Le désenchantement du monde n'est plus l'apanage de la pensée révolutionnaire mais celui de la pensée unique. Fermés à toute magie du verbe, ses inconsistants mais omniprésents bateleurs arpentent dorénavant cette misère.

Bien avant 68, et bien que disposant de bornes symboliques, la psychiatrie avait attisé *les feux du désir* en exigeant la reconnaissance des pulsions de vie et de celles de la mort, habiles faiseuses à s'afficher dans le contrat social, afin d'exposer leur dualité essentielle, leur conflit ayant quitté le ciel de l'affrontement métaphysique pour l'espace bien visible du destin humain. La folie était définie comme emblématique de cette scène où se disputaient le désir et sa répression, le sujet et l'altérité, où émergeait le pouvoir de dire enfin : Je, sans risquer l'interdit, l'anathème, l'invalidation. Les savants de l'Ecole de Francfort ont écrit que : « L'exagération, c'est le vrai. » La folie exagérait la vérité de l'être en la dévoilant. La thérapeutique se proposait, elle, de transformer la souffrance de cet accouchement majeur en jubilation et de promouvoir le délire en voyage initiatique. C'est dire qu'au regard de cette ambition : respecter l'humain dans son désordre apparent jusqu'à l'adouber, en faire le modèle de l'authenticité, créer les conditions du libre jeu du désir tel qu'en jaillit la vérité par la parole et les actes incarnés, il y avait de quoi effrayer les bien-pensants avec, en prime, la dénonciation de l'inadaptation totale des cadres traditionnels de soins et de la réalité du soin. Une telle conception du sujet, dit aliéné, nourrie de la philosophie de l'existence, de la théorie de l'inconscient et de l'engagement radical concoctait une fameuse dialectique de la libération. Ils étaient quelques-uns, épars en Europe, à la prôner, à la porter non sans risques. Qu'on se souvienne, à ce propos, de l'expérience du collectif socialiste de patients (le SPK) et du Dr Huber de la clinique psychiatrique de l'université de Heidelberg (1970-1971) !

D'évidence, une telle pensée, une telle familiarité avec la folie corrosive, épinglaient d'emblée les monuments où s'étalait la suffisance totalitaire de l'ordre établi : l'hôpital psychiatrique et la prison. Leur fonctionnement institutionnel s'y ressemblait, les finalités s'y déguisaient à l'aune du « surveiller-punir » et des hiérarchies rigides. Toutefois, le détenu à bien des égards, ne fût-ce que par la durée légale déterminée de sa peine, n'était pas le plus mal loti, tandis que le patient asilisé se voyait soumis au traitement sanitaire de durée indéterminée dont il n'avait pas le contrôle. Les fondements de la légitimation sociale de tels monstres destinés à isoler et soustraire de la vie patients et détenus étaient au cœur de la critique des praticiens minoritaires éclairés d'alors. Au sein d'une société qui se voulait démocratique, tolérante, subsistait sa face d'ombre. Elle montrait la limite de sa tolérance, son hypocrisie, sa duplicité. En toute bonne conscience, la société maintenait des îlots protégés aux conditions de vie carcérales. La provoquer sur ce terrain amenait fatalement à interroger non seulement sa pratique des droits de l'homme mais aussi sa manière de traiter les minorités, les marges, les irréductibles, tout ce qui n'adhère pas, ne plie pas, ne s'adapte pas aux modèles dominants d'une société vouée au profit, à la domination du plus fort sur le plus faible. Reconnus, suscités, les minoritaires apparurent donc, dont les homosexuels sortis de la honte et de la culpabilité qui affirmèrent un droit à la différence et à l'existence. On parla aussi de « deux milliards de pervers », de « la raison du plus fou ». On osa fouiller dans une autre instance monumentale, celle de la famille, ce bazar où se trament bien des intrigues mortifères. Pas seulement, bien entendu.

On voit donc que les mèches allumées n'étaient pas innocentes. Plus qu'en termes de société, elles posaient la question d'un humanisme intégral qui dépasserait toute formulation contingente. A force de se vanter, la « société avancée » était obligée d'en rabattre. Elle ne se développait qu'en se délestant d'interrogations capitales comme celle de ses propres fins, mais également de celles qui avaient trait à ce qu'elle taisait et dissimulait. Son imaginaire était impavide, publicitaire. Elle mentait, se mentait. Tous ses dispositifs n'éludaient pourtant pas la question originelle et insistante du désir bafoué, c'est-à-dire de l'humain mutilé en vue de conformité. Seule, une haute civilisation peut, de l'humain, accueillir toute la diversité et permettre la complexité. Les sociétés rivées à des systèmes historiquement déterminés sont éphémères, elles ne valent que ce que vaut leur système, aujourd'hui le néolibéralisme. Le dialogue avec la folie conçue comme exagération de l'humain suppose un niveau d'exigence qui a rapport avec ce que nous nommons : haute civilisation. D'élever sa pratique dans un tel champ est la mission de la psychiatrie passée, présente et à venir.

*

* *

L'antipsychiatrie des années soixante est une invention éditoriale responsable de cette dénomination racoleuse. Sans en faire l'inventaire critique dans ces pages dont ce n'est pas le propos, peut-être doit-on reconnaître qu'elle fut LA psychiatrie telle qu'elle pouvait s'énoncer à ce moment-là, en obligeant, par sa radicalité, à reconsidérer ses sens et sa finalité. Rappelons, cependant, que sous le sigle commun diverses marchandises étaient à vendre. Il y a peu à comparer entre ce qui se décida à Kingsley Hall ou au Pavillon 21, pour n'évoquer que Laing et Cooper dans leur recherche éperdue du message poétique, métaphysique puis politique de la folie, et ce qui se préparait en Italie à partir de Gorizia sous la direction de Basaglia, où, là, il s'agissait d'enjamber le XIXe siècle pour entrer dans le XXe et s'accrocher au préalable des questions institutionnelles et juridiques. Quant à la France, depuis les bases établies par le groupe de Saint-Alban et la Société du Gévaudan dans les années quarante se référant à trois axes : le marxisme, la psychanalyse et l'humanisme chrétien, elle estimait avoir déjà fait sa révolution culturelle tant par la mise en œuvre de la psychothérapie institutionnelle que par la politique dite de sectorisation — secteur, intersecteur, labels affreux fleurant l'EDF/GDF, d'un objectif progressiste — qui visait à formaliser les liens organiques entre milieu de vie des malades et milieu soignant par la désasilisation, la proximité du lieu de vie et du lieu de soin, la relation communautaire et la continuité du soin par une même équipe pluridisciplinaire.

Les propositions et pratiques quelquefois jugées révolutionnaires de la psychiatrie ont induit dans son champ, carrefour entre les sciences dites humaines, les neurosciences et la médecine, d'intenses élaborations, des affrontements théoriques, des implications relationnelles profondes. De ce chantier sont sorties nombre d'innovations qui témoignent que la spécialité s'est sans doute, plus que toute autre, sans cesse renouvelée. Certains modèles mis en avant, et déjà bien anciens, comme les hôpitaux de jour, les visites à domicile, la prise en compte de la parole multiple, la nécessité d'un travail d'équipe, ont influencé progressivement toute la médecine et atteint la forteresse de pouvoir qu'était l'hôpital général. Mais aujourd'hui, en fait depuis quelques années, le souffle manque et la discipline, de nouveau, est en question. L'interrogation ne vient pas pour l'essentiel du corps soignant mais d'ailleurs, du gestionnaire vétilleux qui, investi de la puissance d'Etat, se retrouve avec le gros paquet de la santé publique sur les bras où tout est confondu, et la psychiatrie, noyée. Le souci gestionnaire s'embarrasse peu de nuances. Trop est dépensé pour la santé et n'importe comment. Tout à la fois doit être traité : le gâchis de la consommation, les redondances structurelles, les absences d'objectifs, les fonctionnements caducs, les déséquilibres régionaux, les pléthores et pénuries, et l'ensemble à budget constant, l'œil fixé comme sur le centre du cyclone qu'est le déficit de la Sécurité sociale (1,5 à 2 % du budget global) érigé en statue du Commandeur.

La psychiatrie voyage désormais dans *le wagon de la médecine* qui est la voiture balai des déficits publics. L'offensive contre le monde médical, le confondant avec ses scories, est sans finesse, moulée qu'elle est au moule de la pensée unique. Le gestionnaire a cru trouver là un ventre mou. Depuis octobre 1988 — la grande grève flouée des infirmières —, jouant sur les hiérarchies, les corporatismes et le manque de solidarité, le gestionnaire, hormis quelques épisodes fébriles, tels que la grève des internes ou celle des chefs de clinique, a connu une certaine paix sociale dans le domaine. Ses tables de la loi sont les ordonnances Juppé 1996/1997 que la majorité actuelle applique froidement, et il passe la totalité du système de soins à la taille. La psychiatrie, où la médicalisation n'est absolument pas homogène à celle des autres disciplines, subit, dans l'amalgame, les effets des coupes sombres. Outre la rigueur affichée envers le système dont elle pâtit, peut-être paye-t-elle là son intégration au grand corps de la médecine. Jusqu'en 1968, elle n'existait pas, sinon dans un bâtard : la neuropsychiatrie, où la dominante neurologique redoublée par l'instance universitaire était indiscutable. Qu'importait, dans les lieux de silence où le bâtard officiait, qu'autour foisonnent les débats théoriques, que l'inconscient soit entré en scène depuis des décennies, que des bouleversements considérables s'initient à partir des culs-de-basse-fosse asilaires. L'université continuait de faire ses emplettes au magasin des anatomies, de butiner la botanique des nosographies, de parier sur le biologisme de la mentalisation et d'utiliser en conséquence, et en majeur, le répertoire thérapeutique du médicament, de l'insuline et de la convulsion... La disparité était totale entre l'enseignement officiel, corseté dans ses institutions, et la mouvance de la vie, ailleurs, où s'accompagnaient régression et délire, où s'exprimaient le risque, l'ouverture, la promotion du sujet. Bien sûr, il y avait des exceptions, des coquetteries, des copinages. Un temps, Sainte-Anne s'enorgueillit de la présence de Lacan. On s'entourait pour la forme d'analystes, au compte-gouttes.

En 1969, tout bascule. Edgar Faure est à l'Education nationale. L'édifice mandarinal de la médecine, comme le reste, a chancelé. L'entourage du ministre est au parfum de la nouveauté, entre le salon et le terrain, et il est mis fin à l'existence du bâtard. La neurologie, reléguée en sous-section, abandonne son primat, et la psychiatrie se retrouve enfin adulte et désignée comme quatrième grande discipline médicale à égalité statutaire avec le peloton MCO (médecine-chirurgie-obstétrique). Cette reconnaissance tardive s'avérera une méconnaissance. Choyée au début, la mode aidant, baignée d'idéologie contestataire, elle est l'objet de promesses enseignantes et d'avancées catégorielles. En fait, on l'aligne sur le dispositif hospitalier tout en lui concédant un rejeton : le secteur extra-hospitalier. Quelque temps, il y eut chez les psychiatres de l'euphorie et de l'illusion. Ils ne tardèrent pas à être débarqués des universités où ils avaient presque frauduleusement pris pied, puis entraînés dans les commissions formelles du ministère de la parole, pénétrant la communauté de vie avec un viatique minimal. Il y eut aussi parmi eux beaucoup de nouveaux riches un peu éberlués. N'ayant pas eu à combattre — d'autres l'avaient fait pour eux —, propulsés par un courant libérateur plus grand qu'eux, souvent ignorants des luttes et pensées des années quarante minoritaires qui enfantèrent néanmoins, avant terme, la psychiatrie française contemporaine, ils chaussèrent les pantoufles de médecins des hôpitaux et se virent confier une mission de secteur : intégrer la psychiatrie dans la cité. Nombre se contentèrent d'un simulacre. Passés de la catégorie d'officier de santé à la pompeuse chefferie de service sur le même pied que leurs collègues somaticiens, ils se satisfirent du titre et des émoluments, n'égratignant qu'en surface l'hospitalocentrisme souverain qui ne concédait que contraint et forcé (peu) à la désasilisation. Ils rentrèrent donc au vestiaire laissant les écervelés motivés en terrain découvert, se contentant d'une fraction réduite du secteur : un service + un dispensaire. Par contre le carcan, la rigidité, la pesanteur et l'impératif budgétaire qui régissent la vie hospitalière échurent à la psychiatrie qui dut partager avec les plateaux techniques de la vitrine médicale, toujours plus mirobolants, avant-gardistes, performants et coûteux. Dans la balance, la psychiatrie avec ses abracadabrantes théories et ses bricolages de terrain ne pesa pas. Sa quincaillerie ne brillait guère face aux fulgurantes avancées du MCO, le maillot jaune des médias. Aussi, la bâtarde qui tirait quelque charme d'être sulfureuse, légitimée puis reconnue, perdit-elle sa liberté (relative). Un seul exemple. D'être dans le tronc commun modifia la qualité de son recrutement. Les générations de psychiatres se succédaient et recrutaient à partir d'un internat spécifique où s'apprenaient la psychiatrie publique, son histoire et sa culture, les médecins de ce cadre étant, quelquefois à leur corps défendant, les héritiers de ceux, exerçant encore pour la plupart, qui élaborèrent la nouvelle psychiatrie. Disparu en 1984 pour se fondre dans l'internat indéterminé des hôpitaux, le renouvellement générationnel s'est tari. Il y a d'autres exemples, entre autres celui d'être entré, en 1983, dans la procédure du budget global des hôpitaux.

Ces quelques lignes n'ont eu pour intérêt que de rappeler les termes d'une conjoncture où se sont soldés, ici, le destin de la psychiatrie et son effacement progressif dans le paysage médical, jusqu'à en copier les tics et les caricatures. A-t-elle perdu son âme en croyant gagner en crédibilité ? De fait, il ne s'est agi depuis trente ans que de transferts administratifs, de régularisation statutaire des acteurs de la psychiatrie — encore inachevée pour ce qui concerne les infirmiers[1] — et d'intégration dans la planifi-

1. Dans certains centres hospitaliers spécialisés, l'effectif infirmier ressemble à une armée mexicaine avec pléthore de surveillants. De plus, les réformes

cation sanitaire. Son âme qu'on vient d'évoquer était, lorsqu'elle eut, dans le sillage de sa minorité éclairée, décidé de rompre avec l'hospitalo-centrisme, dans sa marginalité pour ne pas dire son irréductibilité. De s'occuper de la causalité psychique qui n'obéit pas à la règle mécanique, d'explorer cet objet étrange et rebelle : l'inconscient, de se soucier comme le veut la sagesse clinique et thérapeutique du lien du sujet et de son environnement, de se colleter avec la dimension folle de l'existence humaine, de s'en vouloir la compagne, conduisent inéluctablement la psychiatrie à rencontrer l'ensemble des préjugés, phobies et résistances du corps social et d'avoir à s'y affronter. Elle ne peut prétendre être noble et neutre comme se voudrait la médecine dont il n'y a pas à la disjoindre, mais à la distinguer, en lui concédant une autonomie. La psychiatrie est au rendez-vous des puissances et aberrations de l'esprit dans leur partage de la vie avec un corps. Non pas qu'elle travaille dans le dualisme. Dans un monde où tout se divise, clive et sépare, elle tend vers la réconciliation du sujet avec lui-même et en harmonie, sans s'annuler, avec l'altérité. C'est dire qu'elle revendique l'impossible.

La fonction troublante de trublion qu'elle exerce dans l'espace de la médecine et l'espace social s'est bien affaiblie depuis quelques années. Nous avons parlé de la tiédeur de nombre d'acteurs de la psychiatrie, des résistances qui les traversent à l'image de celles de l'opinion,

---

hospitalières, depuis 1986, ont, non sans démagogie ni calculs, institué une direction des services de soins infirmiers, établissant une véritable double hiérarchie infirmière et médicale, permettant à l'administration, selon les conjonctures, de jouer l'une contre l'autre. La réforme n'a pas manqué de distribuer généreusement les titres. Par exemple, les surveillants-chefs sont devenus « cadres supérieurs infirmiers », appellation qui n'abuse que ceux qui aiment les titres ronflants alors que les médecins — y compris les chefs de service — sont simplement dits « praticiens hospitaliers ».

mais surtout de la mainmise administrative sur la spécialité, sans discrimination, à l'instar de celle qui encadre le dispositif hospitalier général dans l'exécution des plans d'austérité préconisés en haut lieu. La modification des rapports d'équilibre, toujours instables, entre le thérapeutique et le gestionnaire en faveur de la gestion drastique joue le rôle d'étouffoir. La logique à l'œuvre est dirigiste, expéditive, sans nuance. Comme ailleurs, elle réduit à la défensive, au pré carré, à la peau de chagrin mentale. On se mobilise pour l'existant, ce qu'on a acquis du passé. Le temps consacré à l'intendance grève celui consacré à la thérapeutique et diminue d'autant les possibilités d'innovation. Cette volonté d'enfoncer dans la médiocrité est-elle délibérée ? Toujours est-il que ce que nous avons déjà noté des manifestations de la police de la pensée dans l'abandon consenti de la faculté de projeter un avenir aboutit à une restriction de la disponibilité psychique et à la répétition. Le cercle est vicieux pour la médecine qui mène la psychiatrie, pour n'en rester qu'à elle, au banc des accusés. Contrainte par la mise en ordre régalienne — l'Etat n'agit plus que sous le contrôle de la « World Company » —, on lui reproche de ne plus proposer du nouveau et, en conséquence, on diminue ses moyens. Des pirouettes gestionnaires, il y en a et de belles ! par exemple, le rééquilibrage des moyens par région. Là encore fonctionne l'équation nantis/déshérités. Sont déclarés privilégiés les bien-équipés dont l'action, en majorité, montre que la quantité est la condition de la qualité. (Soigne-t-on mieux lorsqu'on est plus nombreux ? Certains affirment que non — les responsabilités et investissements se diluant dans la pléthore — et prônent une sorte de médecine de la nécessité, de guerre, un noyau dur soignant, hyperactif. L'expérience prouve qu'on peut jongler un temps avec peu, mais que les effets destructeurs de la surcharge sont implacables.) Prélever sur les nantis souvent performants et inscrits dans une dynamique adaptée à la demande sociale évolutive, pour saupoudrer chez les pauvres, ne résout rien. Le saupoudrage comble à peine le manque criant et, lorsqu'il est efficient, déclenche un accroissement de la demande qui provoquera la saturation.

On ironise en milieu gestionnaire sur cette propension à étendre l'offre soignante — sous-entendu à provoquer artificiellement des besoins —, à stimuler une demande sociale de soins qui ne s'actualiserait pas s'il n'y avait l'activisme soignant. Les services bien implantés sur le terrain sont les meilleurs observatoires de santé. On peut contester qu'ils n'aient pas les instruments conceptuels pour tout analyser, formaliser, de ce qu'ils croient percevoir dans la demande, et qu'ils se grisent de leur pragmatisme et d'une inventivité superficielle. Bref, qu'ils mettent dans le panier les œufs qu'ils désirent y trouver. Rompre avec leur pratique paraît salutaire au décideur qui, dans le même temps, inonde les services de questionnaires et d'enquêtes sur les besoins dont les réponses finiront classées et sans suite. Or, tout ce qui a été répertorié par les instances et commissions ministérielles compétentes quant au travail innovant dans la spécialité (cf. la circulaire Evin de mars 1991) est venu des équipes de terrain. Même si la reconnaissance a été tardive, elle confirme que c'est bien la créativité soignante qui a été et est le moteur de l'innovation. Cela fut permis, nonobstant la restriction des moyens commencée à partir de 1976 avec une brève embellie en 1981/1982, par l'équipement donné à qui pouvait y prétendre — ne fût-ce qu'en ayant des projets crédibles et dont au cours du temps on a vu l'effectivité réelle. A ceux qui ne demandaient rien, on concédait le minimum, rappelons-le : un service, un dispensaire ! Il y eut ainsi, là où la volonté soignante s'inscrivait dans l'idée force des défricheurs d'après la Libération et définie par les circulaires de mars 1960 puis de 1972, la démonstration incontestable du bien-fondé de la psychiatrie dans la cité. D'avoir installé la psychiatrie dans la non-ségrégation au cœur de la vie, on ne doit pas aujourd'hui s'étonner que la vie si contradictoire de nos cités ait ses exigences sur des formes novatrices de relation et de soin. Aiguillonnée par l'environnement, la psychiatrie publique est en défi permanent et ce défi fonde sa mission et la place souvent en dernière occasion de lien social — on peut le regretter — dans la déshérence du milieu.

D'évidence, le mixage interactif, l'interpartenariat obligé, la répartition cohérente des rôles et des compétences, la disparition de cloisons trop étanches entre les divers niveaux de la vie sociale, le souci d'être au plus près de la parole et de l'expression diverses, créent les conditions d'une adaptation et d'un renouvellement obligés des pratiques, un enrichissement théorique pour ceux qui ne confinent pas la théorie aux seuls séminaires, et, par le biais de l'équipe psychiatrique, un bouleversement de l'image de la médecine. Cet axe directeur de l'orientation de l'activité d'un nombre non négligeable de services et d'équipes sur le territoire de l'hexagone, sur une durée de près de trente ans, pour certains, et qui s'origine sur le fonds militant des années quarante a donné une culture et nourri une philosophie pratique. Elle s'est fondée sur une histoire, une généalogie, une expérience, des réalisations. Ce patrimoine moins établi, peut-être, que celui dit de la culture ouvrière, par exemple, est aujourd'hui comme lui menacé de disparition. Qu'il soit récent par rapport à d'autres plus anciens, plus ancrés dans la tradition qui a structuré ce pays, le fragilise d'autant. Qu'il disparaisse en effet — et il n'est pas abusif de penser qu'on y songe chez les gestionnaires — et nous pouvons nous attendre à une régression sans précédent de la psychiatrie[2].

Bien des sirènes séduisent nos gestionnaires. Issus pour la plupart de la technocratie, innocemment scientistes — mais, par essence, la technocratie est scientiste —, ils vivent dans l'évaluable, le mesurable, l'opérationnel. Les avancées technologiques les fascinent. Partout on rêve de remplacer les hommes. Parmi les machines, il y a l'ingénierie biologique, la grande aventure médicamenteuse, la percée des neurosciences et, mondiale, l'hégémonie nord-américaine. Arguant de l'incontestable acquis thérapeutique dû aux psychotropes de plusieurs générations déjà, de la rigueur neurobiologique rapportée à « l'obscurantisme psychologisant », de la précision des protocoles informatisés quant au profil des entités cliniques et de leur traitement, on n'est pas loin de conclure que d'ores et déjà est programmé un scénario nouveau, moderniste. La performance accrue et de plus en plus ciblée des psychotropes, le progrès spectacle de la génétique fait rêver d'un désir récurrent : réduire la personnalité et la folie à un arrangement complexe et subtil de processus biomoléculaires pour la première, de leur désordre pour la seconde, et, de cette connaissance, trouver à remédier en restant dans le même champ. L'utopie, car il faut bien qu'elle se loge quelque part, passe du niveau de l'histoire, de la politique, du sujet et du désir, à celui de la science et de la maîtrise des évaluations paramétriques. S'il arrivait qu'une palette de psychotropes extirpe la folie, nous y

2. Parmi les prophètes de la disparition de la psychiatrie, en tant que spécialité aux environs de 2020, on peut citer l'actuel directeur général de la Santé.

souscririons, enfin débarrassés d'un lourd fardeau et, si de plus, en prime, nous avions le modèle moléculaire de l'émergence du désir, notre interrogation philosophique serait comblée. Alors, la folie pourrait être traitée à l'instar de maladies de l'immunité ou autres maladies chroniques tels le diabète, l'hypertension, etc., dans le cadre de la médecine générale ou bien, pourquoi pas, guérie comme la pneumonie franche lobaire aiguë — encore qu'on apprend que bien des germes résistent ! N'apparaîtrait plus nécessaire, dès lors, le dispositif logistique de la psychiatrie — bien sûr, si coûteux ! — qui s'effacerait définitivement avec les équipes pluridisciplinaires, avec le primat de la relation et tous ces discours, etc. C'est cela le rêve technocratique et ses bons sentiments à l'orée du troisième millénaire. Plus surprenant est que d'autres le partagent. Ainsi, Gilles Deleuze dans son abécédaire posthume, à la lettre N (neurologie), porte-t-il lui aussi son espoir, et même sa certitude, sur le traitement biologique des troubles mentaux, dont il pense que le XXIe siècle le possédera. Nous ne reprocherons pas à Deleuze d'avoir eu cet espoir.

*

* *

Il est fort possible d'intégrer les avancées de la psychiatrie biologique tout en conservant *le primat du relationnel*. N'importe comment, c'est du moins souhaitable, toute prescription suppose un échange soignant / soigné, et l'on sait bien l'incidence de l'équation personnelle du prescripteur sur le sort du médicament. Toutes ces finesses ne sont souvent que paroles verbales pour le technocrate qui alignera d'une manière formelle : chimiothérapie plus psychothérapie, tout en subordonnant, sans le dire, la seconde à la première, dans l'attente que la recherche neurobiologique débouche sur la palette complète qui permette de traiter le trouble mental. La culture née de l'investigation du mode relationnel, de la multiplicité de ses niveaux et de ses interactions dans l'élaboration d'une théorie sinon scientifique, du moins rigoureuse, du fonctionnement psychique humain et du groupe, la réflexion sur les formes d'intervention commandées par le corps social quant à la prise en charge et à la contention de la folie, sont d'une richesse qui excède de loin le déterminisme biologique, génétique. Le repérage réducteur du seul symptôme rabattu sur un sujet isolé et son traitement par une molécule ciblée est, nous l'avons vu, un rêve technocratique orienté par l'idéologie scientiste et aussi par l'entregent du lobby pharmaceutique. Il n'y a pas neutralité en la matière. Ces aimables spéculations infèrent que passent à la trappe « le dispendieux » appareil de soins préconisé par les praticiens de la psychiatrie et sa culture qui, libérée de l'organicisme, s'est appuyée sur une démarche globalisante en un lieu carrefour, car la psychiatrie est, répétons-le, un carrefour. Elle s'occupe — mission traditionnelle de la médecine oublieuse qu'elle est quand elle se contente d'être médecine d'organe — de l'être humain total, de son émergence entre polarité somatique et polarité psychique, dans le commerce de ses identifications et la pression environnementale, entre l'histoire de sa filiation et sa prétention à l'autonomie. La psychiatrie est donc à la croisée non fusionnelle des avancées de la biologie humaine, des sciences de l'esprit, des sciences sociales. Elle est aussi vigilance quant aux modalités décidées pour éduquer un sujet à être conforme aux idéaux ou intérêts du groupe, c'est-à-dire la présomption de la politique à adapter et normaliser.

*

* *

Sa sagesse, si elle en a une, est de ne pas dissocier ni exclure le sujet qui traverse l'épisode de la maladie, de son origine, de ses conditions de vie, et de reconnaître, dans sa parole et dans ce qu'il exprime d'éventuels désordres, les chemins de sa vérité. Ces lieux communs de la psychiatrie énoncés ici peuvent sembler langue de bois. En fait, les appliquer en pratique est profondément dérangeant, bousculant dans leurs effets car ça ne se montre nulle part en dehors de l'univers de la psychiatrie humaniste. (Peut-être, mais nous ne saurions l'affirmer, pour ce qui est du respect de l'humain et la tolérance à sa souffrance, les retrouverions-nous en certaines et rares congrégations religieuses.) Et, s'il est des lieux émancipés de la psychiatrie qui offrent la marge d'accueil la plus adaptée à la dérive mentale, ils sont à son avant-garde et, en tant qu'éclaireurs, partie prenante de son évolution.

Mêlée, dès sa naissance, à l'accouchement de la société marchande et à ses exigences qui allaient forger le citoyen du capitalisme, la psychiatrie, discipline sans nom qui balbutiait dans un néant postmoyenâgeux, s'est vu confier, au sortir du Siècle des lumières, la tâche de s'occuper de l'humanité enfin reconnue de l'aliéné, humanité partielle au destin imprévisible, puisqu'un peu plus d'un siècle plus tard elle donna prétexte, parmi d'autres sous-espèces humaines, à extermination. L'humanité de l'aliéné, fluctuante, soumise à interprétation et évaluation, en fit, un temps — on l'a rappelé —, le paradigme de l'exclu, celui en qui pointait une totale étrangeté. Insaisissable, inassimilable, son apparence néanmoins humaine conduisit la communauté à s'en protéger, drapée pourtant dans l'habit de l'humanisme, et proposer qu'il fût accueilli et traité en des établissements protecteurs recréant des lieux de vie accordés aux idées du temps : rurales, paternalistes, moralisantes, rééducatrices, asilaires. La noble fonction de l'asile ne tarda pas à être dévoyée. Dans la lignée des grands renfermements d'une actualisation récurrente dans les sociétés occidentales, le carcéral totalitaire l'emporta bien vite sur l'intention humanitaire inaugurale, encore qu'il y eût dans le monde anglo-saxon des exceptions en forme de « communes thérapeutiques » très isolées. Prise entre les commandements des idéologies, des préjugés des ordres régnants, errant entre modèles de causalité et pratiques souvent antinomiques, la psychiatrie s'est dégagée peu à peu de l'enlisement que produit toute conduite d'exclusion et de l'amalgame louche propres aux fantasmes sociétaux. Elle a ainsi rompu avec l'impératif judiciaire de la lettre de cachet, interrogé le désir social d'éradication de l'anormalité et la condamnation morale des comportements atypiques. Elle a dû affronter la stagnation administrative, l'inertie des structures de soins, l'ignorance médicale et mandarinale, bref le sommeil du monde. Elle n'a fait, en choisissant le camp du sujet, qu'expérimenter l'application intégrale des droits de l'homme, du droit des hommes à la différence. Ce qui l'anima dans les combats qui jalonnent son histoire est tout à fait comparable avec aujourd'hui où les opinions, les enjeux, les adversités et les problématiques se retrouvent, bien qu'habillés de pseudomodernité, semblables à ceux des époques pionnières.

En se prouvant à elle-même le mouvement, la psychiatrie ne peut se dérober à l'injonction qu'elle se formule de *l'évolution permanente.* Dans sa geste, incarnée par les plus déterminés des praticiens — comme partout les minorités agissantes sont cruciales pour la figuration des avenirs, les consensus viennent toujours après les batailles —, elle a ébranlé le champ de l'organisation du soin et proposé des perspectives institutionnelles susceptibles de mettre fin au splendide isolement de la citadelle hospitalière, de redonner place au déploiement de la médecine dans le milieu de vie. Elle a aussi inventé une véritable *démocratie du travail,* exemplaire, en ces deux temps essentiels de son périple récent (cinquante ans !) que furent l'introduction de la psychiatrie institutionnelle — soigner l'institution — et celle de la psychiatrie dans la cité. Bien entendu, nous n'idéalisons ni ne travestissons une réalité plus prosaïque de l'état de la psychiatrie publique. Nous n'avons pas le temps de nous attarder sur les indigences auto-entretenues, sur les projets poussifs, les services englués, les participations formelles à l'innovation, les rigidités rebaptisées exigences thérapeutiques et conceptuelles, toutes les raisons qu'on se donne pour se presser doucement et ne rien faire. Ce qui nous retient, c'est la fidélité à une pensée : celle du désaliénisme, et l'attention aux prémisses qui se succèdent, au cours du temps, de l'imagination soignante. Même murmure, la prémisse augure de ce qui est possible, étant donné le corsetage financier, à l'image de la vie qui triomphe de l'entropie. Parmi les inventions, il y a eu, avons-nous dit, celle de la démocratie au sein de l'appareil de soins. Il suffira d'imaginer une entreprise où, de la femme de ménage au PDG, en passant par le département sophistiqué d'informatique, le rôle, la responsabilité, la participation de chacun seraient reconnus et sollicités, et aucun invalidé, en se dotant des instances de communication les plus libres, dans le but non d'affiner la production, mais de la penser au plus près des besoins du consommateur (l'usager). Et, ici, non pas dans l'espoir de participer au partage des profits et dividendes, mais simplement dans celui d'avoir répondu au mieux à une mission de service public, la seule gratification étant celle du partage collectif du bénéfice intellectuel de la chose accomplie ensemble. Des services de psychiatrie fonctionnent ainsi — le patient (le sujet) au centre des activités — comme des laboratoires sociaux détachés à l'horizon du possible où, face à la prégnance de la souffrance de l'autre, s'éprouve l'organisation institutionnelle diversifiée propre à révéler les potentialités soignantes de chacun des acteurs. Que le patient soit aussi acteur du soin n'a pas à surprendre. Il est ce qui fonde le soignant.

*

* *

Compte tenu de la pondération qu'introduit dans l'attitude et le parcours soignants la prise en considération du discours, du désir et de l'intégration du patient au projet thérapeutique le concernant, il est clair que l'institution du soin va en être profondément changée. L'objectivation du malade, sa réduction à une entité nosographique trop souvent à l'œuvre dans l'organisation hospitalière, sont subverties par ce qu'introduit la dimension sujet. Lié à la reconnaissance de l'autre dans sa contradiction, sa douleur et son désir, le remodelage institutionnel où la priorité est donnée à la multiplicité des motivations et investissements ouvre sur ce fonctionnement unique non axé sur la rentabilité immédiate — en ce sens, il est désintéressé — que nous proposons de nommer : démocratie véritable du travail. Certes, des barrières structurelles subsistent. En psychiatrie publique, la hiérarchie est statutaire et un encadrement préétabli existe, avec lesquels il faut négocier la programmation libre des objectifs d'équipe. Ce ne sont là qu'obstacles d'apparence lorsque le projet collectif se conçoit. La chefferie en psychiatrie n'est pas piètre réduit narcissique. Elle ne peut s'observer que comme facilitation de la communication et du lien entre les îlots épars d'un service, et comme facteur d'unification, d'identification collective, au travers du symbolique, de ce qui, tendanciellement, glisse vers l'atomisation et la constitution de dictatures minuscules sous la férule de petits chefs. La chefferie, idéalement, est incitatrice de vie là où perdurent les résistances et les processus destructeurs à l'œuvre dans toute entreprise humaine.

L'appel à la responsabilité des acteurs, à oser penser, s'exprimer et agir est un appel à la liberté. Le dialogue des acteurs ne peut être que rencontre entre sujets à la fonction précise et situés en des points différents du dispositif de soins. Nous ne cacherons pas qu'une telle sollicitation à l'engagement individuel inquiète : la liberté est chérie et détestée tout à la fois. Il faut donc traiter avec les limites de chacun dans le cadre de la demande infinie qu'expriment le sujet malade et son environnement. De là, il s'avère que le travail sur la limite de l'institution est un travail essentiel. En liquidant, et c'est du gros ouvrage, la toute-puissance soignante et son imaginaire mégalomane, elle permet la maturité, la définition de la stratégie thérapeutique au sein d'une équipe. Cette incessante élaboration qui renvoie l'institution et l'acteur singulier à eux-mêmes est à la fois le fruit et la condition de la démocratie institutionnelle. Si l'on y adjoint, condition là aussi de la psychiatrie dans la cité, le partage interpartenarial des interventions et implications des différents services et associations de terrain, on ne peut nier qu'il y ait là sommation des énergies et mise en pratique d'un des principes fondateurs de la révolution psychiatrique : « L'utilisation du potentiel thérapeutique du milieu ». Dans cette conjoncture ouverte, dans cette synergie des intervenants, tous confrontés à la lourdeur sinon à l'impossible de leur tâche, la médecine perd son hégémonie. Elle ne peut prétendre, du haut de sa technicité, tout savoir, tout commander. Ou bien, son intervention ponctuelle (et compétente) terminée, se retirer, pure et dure, du champ de bataille qu'est souvent le quotidien élargi de la maladie et du sujet qui s'y débat. Ne pouvant pas tout, elle ne saurait décréter qu'elle ne peut rien. Ainsi est la psychiatrie publique dans la traversée de ce passage obligé qu'est le monde réel où il n'est pas recevable qu'on puisse se retirer sous sa tente au nom du savoir et de la technicité, cultivant « une spécificité » — mot bien usé — qui n'est souvent qu'une démission ou une abdication. Il s'agit, certes, de bien faire ce que l'on sait faire et de ne pas prétendre à l'omniscience qui est aveuglement, mais sans oublier qu'on œuvre dans une totalité agissante. L'équipe psychiatrique oscille donc dans cet inconfortable, et son assise est friable. Il s'avère qu'elle doit négocier sa diversité et sa pluridisciplinarité à tout moment dans la singularité et l'originalité des situations que charrie la demande sociale. Si cette école est rude, elle est aussi au fondement de toute pratique adaptée au monde tel qu'il est et tel qu'il change. Le répertoire des recettes faciles, des attitudes convenues, des savoirs figés est balayé. Nous ne prétendrons pas qu'on ne s'y réfère plus. Que de répétitions, que de ratiocinations, que de rationalisations habillées de la prétention à la pertinence unique n'entendons et ne constatons-nous pas ! La vieillerie coexiste toujours avec le nouveau. Avec ses allures de vieille dame qui en a vu d'autres et son armoire aux confitures, elle peut séduire. La vie d'un service inclut ces inerties-là comme la vie se débrouille avec ses rebuts.

*

* *

Voici donc à grands traits : reconnaissance du patient comme sujet et guide dans la thérapeutique, promotion des acteurs de santé, responsabilisation, engagement, participation à la pensée collective, donc démocratisation de l'instrument de soin, immersion dans le tissu social, partage des charges et compétences, maillage des réseaux d'intervention, le panorama culturel de la psychiatrie du désaliénisme telle que l'a pensée l'école française de psychiatrie à l'orée des années cinquante et telle qu'ont tenté de l'agréger les générations ultérieures des héritiers de la minorité pionnière. Cette culture est désormais menacée non seulement de reculer mais de disparaître. La cause principale de cette menace, nous l'avons évoqué, est le rattachement de la psychiatrie, sans préoccupation de sa singularité, au dispositif médical à dominante hospitalo-centriste et, donc, de sa soumission aux rigueurs des restructurations décidées en la matière, épigones de la mise au pas de la santé dans le cadre de la pensée unique et de ses fantasmes. Un capital historique d'expériences, de modèles institutionnels novateurs, un observatoire privilégié de la souffrance du sujet et du groupe humains dont les données permettraient d'anticiper ce que va provoquer la détresse sociale, risquent pour le premier la banqueroute, et pour le second la retraite anticipée. Devant le démantèlement du service de santé publique — le réformer là où il doit l'être et qui fait consensus n'équivaut pas à le sinistrer —, on ne peut que crier au gâchis et à l'incompétence. Et signaler le mépris technocratique gestionnaire dans sa tente à oxygène, penché sur les colonnes de sa fiction arithmétique. Au nom de critères venus d'ailleurs — ceux de la marche forcée du monétarisme — à satisfaire dans le plus court terme, on appauvrit l'acquis collectif. Le citoyen doit être conscient, qu'outre d'autres départements sanitaires, la psychiatrie ne pourra plus, dans une période désormais proche, effectuer ses missions sauf à recourir à des ersatz indigents et à cette régression — insulte à la démocratie — que sera le nouveau grand renfermement, y compris celui de la rue, mêlant les exclus parasites, les asociaux, les pauvres, les malades. Qu'on ne nous reproche pas de jouer les Cassandres. On a vu bien des empires sombrer en quelques heures. Alors, pourquoi pas un service public ?

On aurait tort de croire que *la psychiatrie dans la cité* est une croisière. La pratiquer réveille bien des démons et réticences. Elle pose d'emblée les limites de la marge de tolérance d'une société face à une différence radicale pourtant inscrite dans l'universel humain. Suite aux fermeture et reconversion progressives de tous les grands centres asilaires mues plutôt par la nécessité économique — ici, positive — que par une vocation humaniste, suite aux indéniables avancées de la spécialité, suite aux modifications introduites dans la vie du pays par la régionalisation, les transferts de responsabilités et de compétences aux collectivités locales, il est possible maintenant de décider l'implantation des lieux du traitement de la folie dans la ville. Cette opportunité soulève bien des tollés, à commencer par celui des potentats locaux plus ou moins députés, conseillers généraux, maires, et de leurs édiles. Leur conception de la folie est celle du citoyen lambda, encore qu'il y ait quelques-uns d'entre eux, remarquables d'écoute et de lucidité — et les plus progressistes en ce domaine ne sont pas nécessairement de gauche —, qui, par leur engagement dans l'implantation urbaine de l'accueil de la folie, rachètent la confrérie. Ce sont, en quelque sorte, des justes. Hormis eux, le paysage dans notre sphère est plutôt hostile. En matière électorale, en priorités citadines, la folie trébuchante n'est ni sonnante, ni payante. Son décorum supposé effraie. Aucun élu n'est prêt à exposer au centre ville la prétendue galerie des monstres. En ce registre, le fantasme tourne à plein régime. On redoute la horde, la dissémination de ces étrangers innommables, mais plus encore la tache de la démence et de la vésanie sur les avenues, réaction semblable à celle de ces héroïques maires des stations balnéaires avec leurs décrets sur le vagabondage et la mendicité, l'été. La représentation sociale peureuse et péjorative du fait psychiatrique est à ce point active que le psychiatre peut croire s'être trompé d'époque, et vivre quelque part, dans un siècle, ailleurs, tant on est confondu par la distance entre les propos de tribunes, les incantations sur les droits de l'homme, l'autoréférence à la terre d'asile, etc., et les comportements de terrain, craintifs, roublards, dilatoires. Chaque psychiatre qui travaille dans la cité pourrait raconter ses aventures et sagas parmi les notables, les attentions polies, les fins de non-recevoir. Le constat est triste de la résistance farouche à l'intégration du soin socialisé de la folie, de l'immobilisme des stéréotypes et habitus, de la méconnaissance, du préjugé roi. La psychiatrie publique en poursuivant sa mission cadrée par le législateur (lois de 1985 sur le secteur) ne peut que secouer le fragile équilibre que le groupe de la normalité a établi envers son anormalité devenue taboue. Bien au-delà d'un « problème de société », il s'agit ici, de nouveau, d'un défi de civilisation : quelle rencontre proposer, quelle tolérance accorder aux déviances d'avec l'axe normatif aléatoire et arbitraire ?

Avant d'aborder la solution miracle concoctée par les décideurs de ce qui reste d'Etat républicain pour contourner l'atonie du terrain, interrogeons-nous sur l'intoléré bien que la psychiatrie n'en soit plus l'unique porte-drapeau. Comme on l'a dit plus haut, le fou a longtemps hanté la solitude de l'homme ordinaire. (Quelle niaiserie d'espérer que cela ait pu disparaître, puisque cette hantise, en Occident, structure la raison raisonnante !) Il est même apparu comme l'exclu type, l'incapable du système. Cultivant l'étrange, improductif, nourrissant le parasitisme, il a servi de repoussoir. Dans ce miroir qu'il nous tendait, il était impossible d'y voir notre propre image. Irrecevables le fou, le moribond. Aujourd'hui, un schizophrène « stabilisé », muni de son allocation aux adultes handicapés, habitant un appartement thérapeutique, en contacts réguliers avec une équipe soignante, peut sembler moins exclu qu'un RMiste, un chômeur en fins de droit, un sans-domicile-fixe déclassés, abandonnés, épinglés à leur tour sur l'herbier de la grande exclusion. A voir ! Qu'il délire (le schizo) panique son monde, occupe son théâtre dans la ville, et réapparaissent incrédulité, animosité et rejet d'autant que la loi de 1990 a renforcé le pouvoir des édiles locaux de provoquer une hospitalisation d'office. Au mieux, le fou ne se distingue guère de cette masse errante, inquiétante du hors-monde où se mêlent les marginaux de la précarité et propre, répétons-le, à susciter les grands renfermements ou abandons futurs. Qui n'a pas en mémoire ces grandes villes d'Amérique du Nord où, sur les trottoirs, les damnés de la terre, externés de force par la fermeture reaganienne des centres psychiatriques publics, apostrophent leurs persécuteurs dans l'inanité et l'attente de la prison ? L'externement forcé n'a rien à voir avec la désasilisation, au même titre que l'internement arbitraire dont il est symétrique.

*

* *

Revenons à la solution fonctionnelle évoquée plus haut et imaginée par le décideur : *le rapatriement à l'hôpital général*. L'hôpital général, surtout le local, est objet choyé. Même si la carte sanitaire pointe la redondance des sites hospitaliers de proximité avec d'autres, qu'importe ! L'élu en est fier et est prêt à le défendre bec et ongles devant les autorités. La plupart des hôpitaux généraux face aux suzerainetés régionales et fiefs universitaires battent de l'aile et appellent, eux aussi, rationalisations des plateaux techniques, suppressions de lits, restructurations, reconversions. D'où l'idée d'intégrer la psychiatrie dans les murs devenus vacants, en des unités à dimensions humaines, dédramatisant, bien que toujours en décalé, le lieu psychiatrique en en faisant un service de soin comme ceux des autres spécialités. Finies donc la ségrégation et la discrimination. C'est la politique suivie depuis plus de vingt ans, car on ne construit plus de centre hospitalier spécialisé en psychiatrie. Outre qu'une solution, qu'un modèle ne doivent pas être d'une application uniforme, qu'en est-il de l'innovant, de l'alternatif de terrain, comme le Centre de santé mentale urbain — « la clinique psychothérapique ouverte » — lié, certes, en cas d'impératif thérapeutique à l'hôpital général voisin, mais d'une autonomie totale, délivré de la pesanteur hospitalo-centriste et à même d'exercer ses pratiques environnementales ? L'introduction à l'hôpital général suppose nombre de paramètres dont on ne peut faire l'économie. En particulier, le travail d'implantation préalable qui est travail de reconnaissance et preuve de crédibilité s'étale souvent sur des années. Il passe — sans qu'on puisse y réduire celle-ci — par la psychiatrie dite de liaison — c'est-à-dire d'intervention contractuelle dans les services médicaux et de concertation avec les spécialistes et équipes des autres disciplines. Or, compte tenu des restrictions budgétaires globales, chacun est sur la défensive. Le chirurgien, l'interniste, quand ils n'en sont pas à partager les angoisses et préjugés ordinaires fort répandus en médecine à l'égard du malade mental et qui renforcent la résistance corporatiste, s'interrogent, légitimement, sur le prix à payer pour la psychiatrie, en moyens, en personnel, reconduisant le scénario du pot de fer et du pot de terre dans les instances consultatives et décisionnelles de l'hôpital. La psychiatrie, son fou et sa magie noire pèseront peu face aux arbitrages quant au nécessaire et onéreux perfectionnement des plateaux techniques. C'est dire que l'histoire de la psychiatrie à l'hôpital général, qu'on ne fera pas dans ces pages, vertueusement montrée en exemple, est pleine d'aléas. A certaines intégrations exemplaires s'oppose le passif de la spoliation de la psychiatrie. Le gestionnaire doit donc comprendre qu'il ne peut réussir par le forcing l'effectuation de sa politique de désasilisation et ne proposer, sauf à provoquer, répétons-le, un néo-hospitalo-centrisme, qu'un seul partenaire : l'hôpital général. Et dans ce cas, il doit veiller à la parfaite séparation des enveloppes, lors de l'orientation des budgets entre le somatique et le psychiatrique, afin que ne se dissolve pas celui de la psychiatrie. Le gestionnaire doit favoriser les réalisations et suggestions alternatives et redéfinir la notion de prise en charge temps plein, la distribution séquentielle des soins et des instances de soins dans la chaîne soignante qui inclut interdisciplinarité et interpartenariat. Bref il doit s'informer de l'histoire des équipes de terrain, la respecter, se nourrir de l'inventivité du pragmatisme de ces équipes et des solutions originales extra-hospitalières qui ont pu être trouvées çà et là, ne pas intervenir, bardé de ses textes réglementaires et injonctions, inopportunément là ou se dessinent des projets adaptés. Le b.a-ba de l'élaboration concertée en démocratie...

*

* *

La psychiatrie contemporaine, son instrumentation, dont la chimiothérapie, étant réduite, défend que son équipement majeur — son plateau technique — est constitué par les hommes. Elle n'a recours aux murs que comme métaphore de la limite et cadre contenant. L'impératif relationnel est primordial. Elle privilégie la rencontre entre les humains et fait d'elle le *primum movens* de son efficace. En cela, encore, elle fait acte de civilisation avec, au cœur de l'impératif relationnel, *le champ décisif couvert par la psychanalyse*. Courant le risque de nous cantonner dans le bien connu trop connu et l'imagerie conventionnelle, nous rappellerons d'un mot quelle prodigieuse entreprise fut celle de Freud, d'abord seul face aux rives du continent vers lequel il voguait : l'inconscient, découvrant que l'homme n'était que la vitrine de lui-même, n'hésitant point à poursuivre malgré les horions et invectives des écoles mandarinales de son temps et des bien-pensants, malgré l'infamie antisémite, la tâche intellectuelle qui fonda sa vie. Par lui, la psychanalyse a apporté ce plus de conscience à la conscience, de raison à la raison — les ténèbres en l'homme sont rationnelles —, duquel vit la civilisation. Que cette exigence d'élucidation vienne à manquer et la civilisation est menacée. D'où le respect sans faille que nous témoignerons à Freud. La psychanalyse appartient à la révolution mentale de l'Occident initiée presque simultanément en ce siècle par le surréalisme, la relativité générale et la théorie des quanta. Il y a bien sûr quelque arbitraire à s'exprimer ainsi. On peut nous rétorquer que dans ses inatteignables sommets, la géométrie algébrique a beaucoup à dire, ou la biologie moléculaire, ou la théorie des systèmes… Ou bien que dans notre énumération nous faisons preuve d'un ethnocentrisme coupable en ignorant l'Orient. L'Orient ? Le milieu psychiatrique en est méfiant, le dénigre ou l'ignore. Carlos Castañeda ? les Amérindiens ? On ne sait pas : charlatanisme ou génie du chamanisme, comme l'écrivait récemment une gazette à l'annonce de la mort de Castañeda. L'Afrique ? peut-être une discrète ouverture avec l'ethnopsychiatrie. Mais, à son endroit, que de réticences, de contorsions ! alors que la réalité commande, vu le pluri-ethnisme des files actives, que nous fassions un effort considérable d'adaptation du soin. Nous en resterons donc à la psychanalyse. Renouant avec la maïeutique, Freud a ouvert à la relation humaine dans le cadre institutionnel de la cure analytique, privatisée et contractuelle, un espace quasi infini d'expression. Au travers de son tourment, mû par son manque, embarqué dans les méandres surprenants de sa sexualité, un homme décrypte ses mots et ses points cardinaux, accède à sa vérité qui, comme toute vérité, est au-delà du bien et du mal. Pour ceux qui en doutent encore, la rencontre analytique est bien différente de la confession où la sanction morale, l'observation des rituels, précèdent la rémission de la faute et la Rédemption. L'analyse ne vise qu'à l'assomption du sujet et à l'interprétation de son désir. En prescrivant un lieu où la vérité peut se dire par le seul recours à l'entreprise humaine du langage, la psychanalyse a établi, ou rétabli, le mot fera bondir les puristes — une dimension sacrée, au sens d'inviolable — dans le traitement de l'aliénation humaine et de ses secrets. Tout ce qui viendrait à contester la légitimité de l'analyse, la vider de son contenu, l'instrumentaliser, voire l'enrégimenter, serait de l'ordre du barbare. La portée de la psychanalyse est un acquis de haute civilisation.

Il y a une exception française en psychanalyse : son formalisme et ses guerres tribales. Nullement question ici de nous lancer dans son historique. Simplement : d'abord hermétique à son égard — une « pensée boche » prisée par les illuminés de la poésie —, le milieu psychiatrique ne l'a introduite en son sein qu'avec une extrême prudence. Médicalisée, isolée dans la Mecque de Sainte-Anne, convoquée lors de thèses savantes et marginales, la psychanalyse ne sera vraiment en prise sur l'événement psychiatrique qu'à partir de Saint-Alban, nous l'avons dit, en concubinage avec le marxisme et l'humanisme chrétien. Le concubinage dans l'élite apparue à la Libération, celle — insistons-y — qui bâtit le corps doctrinal de la psychiatrie publique sur lequel nous vivons, deviendra concurrence, puis divorce. Au gré des affrontements idéologiques de la guerre froide, on choisira son territoire. Les psychiatres, la chose publique et la politique, une minorité d'entre eux, la chose freudienne. A partir de 1960, les redéfinition et redistribution des intérêts et investissements intellectuels ont eu lieu. Autres générations, autres ambitions. Les cloisons sont devenues perméables, des passerelles se sont affirmées et des regroupements culturels ébauchés. Sartre décline, Mai se prépare et, médiatiquement, déferle l'antipsychiatrie. Simultanément, est promu par un véritable catapultage au firmament savant un nouveau maître à penser : Lacan, bien qu'il s'en défende mollement au cours de son « discours du maître », avec dans ses eaux le baquet structuraliste et journalistique d'amalgame douteux : Lévi-Strauss, Althusser, Foucault. Fièvre intellectuelle et haute tension si on y rajoute le piment Ecole normale supérieure de la rue d'Ulm, les liens avec les antipsychiatres anglais qui se produisent à un colloque freudien en 1967, et ceux qui louchent vers Palo-Alto et le formalisme systémique, le tout dans l'effervescence et l'appétence théoriques. L'Ecole freudienne de Paris créée par Lacan se veut alors lieu anticonformiste, éloigné des protocoles frileux des autres institutions analytiques avec lesquelles Lacan a successivement rompu, une sorte d'Université libre d'accès, ouverte à toutes les audaces conceptuelles, brassant philosophes, linguistes, mathématiciens et… cliniciens, dispensant séminaires et conférences sous l'obédience du Grand séminaire. On y glane des formules lumineuses et visionnaires qui, plus tard, deviendront, au mieux, aphorisme, au pire, slogan. Face à la nullité du savoir enseigné par les psychiatres de la Faculté, face à la rigidité des sociétés analytiques traditionnelles, face à la critique voilée des acteurs du désaliénisme vécus, à tort, comme inféodés au parti communiste, et compte tenu de la grande misère de l'hôpital psychiatrique, on conçoit la fascination qu'a exercée l'Ecole freudienne sur plusieurs générations de cliniciens qui s'y sont croisés, chacun posté en des centres de soins allant de l'hôpital départemental au centre médico-psycho-pédagogique, chacun tenté d'y exporter le savoir nouveau, chacun succombant à ce qui fut nommé plus tard : le psychanalysme. Il y eut aussi des à-côtés, des divertissements mondains, comme ceux de l'itinérant cirque Verdiglione, du nom d'un aventurier — un Berlusconi tenté par l'intelligentsia —, où vint se pâmer la fine fleur du parisianisme en des numéros de trapèze et de m'as-tu-vu. Tristes mines. Triste sire.

Les historiens, si le sujet leur apparaît digne d'être retenu, diront plus tard ce que fut l'impact de l'histoire (et de la crise terminale, chaotique) de l'Ecole freudienne sur le destin de la psychiatrie française à partir de 1964. En effet, cette école dans laquelle nous avons vu, idéalement, une université libre — *de facto* société analytique juridiquement fondée, formant des analystes ayant suivi l'enseignement direct du fondateur de l'école et de ceux qu'il avait analysés et formés, selon des modalités définies et changeantes — a connu en grand format le déterminisme d'une institution. L'histoire de la psychanalyse est elle-même grevée d'anathèmes et de ruptures quelquefois mortels où se sont jouées la conquête du pouvoir et la domination. Que de querelles intestines et de courtisaneries, que de dictatures et de soumissions, que de petits marquis et de singeries ! La naïveté désarmante conduirait à penser qu'un cercle d'hommes ayant effectué eux-mêmes le dur chemin de l'analyse, réconciliés avec leur singularité, maîtrisant pulsions et agressivité, ayant goûté au charme exquis de la théorie souveraine, puissent constituer une sorte de société des égaux libérés du quant-à-soi narcissique, des rivalités infantiles, ébauche d'un lieu de rigueur et de tolérance, de lucidité et de compassion pour le malheur inévitable de la finitude humaine, et tout entier consacré aux études avancées. Las ! Lacan, hors course, mais déjà de son vivant, attisa, comme le despote se divertit de ses affidés, de véritables guerres, guerre de religion, guerre civile, guerre de partisans, dont son école fut le théâtre. On mania dans des joutes spectaculaires l'attaque personnelle et l'injure, on tâta de l'Inquisition, on excommunia, on se disputa la dépouille, les reliques, on s'étripa, on s'égorgea. On s'éparpilla en chapelles, chacune l'hérétique de l'autre, on fonctionna selon les sectes, on éprouva ce qu'on maniait déjà bien : le dogmatisme, le terrorisme. L'héritage fut une histoire de famille. Bref, le candide assista à une fin de règne, déplorable, indigne, en un scénario de horde primitive. La paix précaire revenue, la psychanalyse institutionnalisée — mais, peut-elle l'être ? — malade pour longtemps, on revendiqua des privautés, on s'installa dans des institutions fortifiées, on organisa les territoires.

La psychanalyse malade de ses institutions ? Nous n'en traiterons pas ici, car de cette question nous nous fichons. Seul nous retient le message freudien dans son ampleur et ses obscurités, que nous ne reconnaissons pas dans le magistère de l'insignifiance de un ou deux histrions médiatiques qui s'autorisent d'elle. Que révèlent ces Ménie Grégoires dans leurs prestations vulgarisées, sinon qu'ils confortent, en la déconsidérant, que l'analyse a réponse à tout comme la religion, puisqu'on la consulte sur tout et qu'elle donne avis. Attitude intellectuelle bâclée à laquelle se prêtent également, de manière plus discrète, d'autres analystes qui disposent de la parole-mère (plutôt que père) pour nous transmettre ce que l'inconscient a à dire de l'état du monde. Cette position n'est pas la nôtre. L'omnipotence n'est pas du côté de l'analyse, de même qu'elle n'a pas — sauf à s'instrumentaliser dans la sphère des pouvoirs — à batifoler avec le législateur pour fabriquer la loi. D'être le connaisseur de l'effet structurant des interdits n'oblige pas à se transformer en boy-scout du rappel orchestré des valeurs morales. D'être familier des fabulations sexuelles n'implique pas qu'on doive se muer en conseiller hygiéniste sur la question. On n'a pas non plus, s'élevant au niveau des fins dernières, à se prononcer sur Dieu, l'histoire et le cosmos, au prétexte qu'on guide le sujet, au travers de la levée de ses refoulés, à l'enfantement ardu de son être. La psychiatrisation des faits et conduites sociales — la psychiatrie d'extension — a été suffisamment et justement fustigée pour que nous en remettions avec la psychanalyse. Reste ce lieu inouï, où un sujet retrouve et suit la route oubliée vers sa vérité, lieu unique à préserver sans compromis.

Cette digression a pour but de rappeler, s'il y a nécessité, que, formés, influencés dans le sérail du lacanisme et ses voisinages, nombre de cliniciens du public, et pour certains parmi les meilleurs, se sont retrouvés par effet de déplacement, volontairement ou non, engagés dans des problématiques conflictuelles majeures aux incidences institutionnelles non négligeables : on exporta la révolution postfreudienne comme des gardes rouges. Il est sûr que de la rigidification extrême de ce qui fut florissant, la pensée souffrit. Le jésuitisme, la cuistrerie, la complaisance sectaire firent florès sur la scène de l'élaboration. Une entité apparut alors : *la Klinique*. Le Klinicien, son adepte, vit dans un monde éthéré, celui de la « pure clinique ». En général, *la* psychose déclenche en lui une excitation fébrile. Symptômes, structures existent en soi, invariants, pièces rares et protégées. Un sujet les habite mais qui n'apparaît que dans le transfert, cet impondérable, cet ineffable que seuls les magiciens du verbe savent tricoter, selon d'intangibles schémas. Le transfert — la condition même de l'analyse — dans sa redoutable dialectique est érigé en substrat démiurgique où prennent corps, par les mots, les volatiles incandescences du passé. Le Klinicien travaille en laboratoire, il sort rarement de son bureau, il reçoit à la demande et la demande doit venir à lui comme la montagne à Mahomet. Il donne tout son temps au temps. Etre d'exception et parfait alchimiste, il ne participe guère aux ébats de groupe qui sont le quotidien de la vie institutionnelle. Quand il y consent, c'est contraint et forcé, sur le seuil de sa porte. Souvent silencieux, il délivre pourtant l'interprétation capitale qui clôt les jacasseries analphabètes quand elles ont cessé de l'amuser. Il ne dédaigne pas toutefois qu'une petite cour s'arrache ses sentences. Bien entendu, sa jouissance est dans l'univers du concept où, lecteur des textes sacrés, il s'est fait moine. Ce qui occupe son esprit est hors d'atteinte pour le commun qui se contente d'à-peu-près théorique et demeure amateur de patchworks empiristes. Le Klinicien ne se commet avec l'ordinaire que dans la plus grande réserve. L'intendance l'ennuie et les implications dans la communauté sont pour lui du ressort de l'assistance sociale et de l'activisme compulsionnel. (L'un d'eux, épistolier notoire, dira un jour des psychiatres des hôpitaux : « Ces gens-là n'écrivent pas. » Tout est dans « ces gens-là » !) Il n'y perdra pas son latin. Lui, il demeure dans l'antre de la vérité, contemplant son matériel électif : les tribulations de la cellule familiale, les trames langagières, les avanies spéculaires. Sa compétence optimisée et précieuse — jamais reconnue, bien sûr, à sa juste valeur (d'échange) — s'arrête à la frontière du monde réel. Le Klinicien qui se meut dans l'avant-garde renoue, en fait enrubannée de mille afféteries, avec la tradition objectivante la plus classique. Phobique du contact, il ne peut œuvrer que parmi ses pairs dans la fréquentation des sociétés savantes. La théorie divinisée fonde la défense, la résistance au mouvement souvent déconcertant de la demande sociale, de ces curiosités d'institution qui, après avoir fonctionné par l'emprise, constatant qu'on ne parle plus leur langue, démissionnent et se trouvent en retraite privée loin des agitations ou bien continuent d'herboriser, mi goguenardes, mi suffisantes, éloignées de tout projet collectif. On aura compris que la Klinique, succédané d'un terrorisme intellectuel qui régna au nom de l'analyse qui n'en pouvait mais, a verrouillé bien des équipes et participé à la stagnation en des lieux où elle avait position de pouvoir. Ce passif n'est pas de la responsabilité du gestionnaire mais de celle des équipes soignantes qui se sont complues, dans leur tolérance aux modes du jour, à ignorer la finalité de leur mission et choisir des leaders et stratèges d'opérette.

*

* *

La Klinique a failli devant le matériau apporté par la présence de la psychiatrie dans la communauté, qui, après les années laborieuses de son implantation, a maintenant à se colleter avec les effets massifs de *la dysharmonie sociale*. Celle-ci, à dominance urbaine, on la découvre et on la connaît peu. Les sociologues ont pris de l'avance dans son étude, en y démêlant les modifications profondes induites par la crise du monde occidental. Non réduite au seul niveau de l'économie, elle affecte les différents repères et valeurs du milieu de vie dont on dit que le symbolique est effracté. Identités et identifications qui structuraient un monde évoluant lentement depuis plus d'un siècle sont chamboulées par l'accélération des démembrements. Famille, travail, nation, rapports adultes/enfants, éducation, citoyenneté, droits et devoirs sont mis à mal. Zones de précarité, territoires exclus et hors la loi, s'étendent et donnent naissance au terme d'un processus de quelques années à l'apparition de ghettos — ceux ci, visibles, succédant à ceux-là, les invisibles, jamais acceptés — où s'installent des rapports sociaux autres apparentés à des dérives mafieuses, ethniques, claniques. L'Etat républicain, bientôt, n'y aura plus ses entrées. En mars dernier, l'INSEE nous a annoncé que huit millions cinq cent mille habitants de notre pays (près du septième de la population) vivaient au-dessous du seuil de pauvreté fixé à trois mille huit cents francs par mois et par individu. Ce n'est qu'un indicateur. Parmi cette cohorte, une partie est composée d'actifs, d'autres ont quitté le monde du travail, et, pour certains, depuis plusieurs années sans, toutefois, que pauvreté signifie délinquance sociale. Il faudrait aussi rapporter ce chiffre global aux chiffres de population selon les époques et voir si, quantitativement, la proportion des pauvres est plus élevée aujourd'hui qu'hier et moins protégée. Les investigations dont beaucoup ont été menées depuis longtemps ne sont pas de la compétence de la psychiatrie, mais la psychiatrie ne peut pas les ignorer, plongée qu'elle est, pour sa grande majorité, dans des pratiques urbaines. Quant au monde rural, minoritaire, il n'est pas non plus sans subir — ne fût-ce que dans la perte de sa culture — les perturbations critiques. Ce qu'observe la psychiatrie, ce sont les manifestations symptomatiques de la crise générale.

Elle ne peut cependant s'engager dans la voie d'une sociatrie sans perdre de la rigueur, prétendre être plus que ce qu'elle est en cédant à la tentation suicidaire d'être une psychiatrie de convenance, bonne à tout faire de la corvée sociale. Dans le même temps, de par ses positions dans la communauté, elle voit bien apparaître les points de rupture, voire de non-retour, d'avec ce qui semblait régir les échanges entre les hommes et leur référence symbolique. La violence s'impose comme langage, le passage à l'acte se substitue au mot, les structures et médiations traditionnelles de la relation éclatent, les mises en danger psychique, les comportements psychopathiques envahissants se multiplient dont, en psychiatrie de l'enfant, ce rejeton clinique nord-américanisé : l'hyperactivité, tout en n'oubliant pas les dépressions masquées et d'autant plus explosives que la maladie peut s'incarner dans la filière de la délinquance. Les invariants cliniques, les grandes entités de la psychopathologie sont reconnaissables même si quelques-unes se parent autrement. Elles sont en quelque sorte la folie ordinaire. Se surajoute à elles ce qu'on vient d'esquisser de la dysharmonie sociale. Les premières, la psychiatrie sait les traiter dans le cadre d'un long cours balisé, les secondes la désarçonnent bien que des hypothèses causales déjà anciennes puissent être avancées, qui tournent autour du déclin de l'image et de la fonction paternelles, de la figuration de la loi. Mais à trop demeurer dans le général où perdure un usage de recettes d'une épidémiologie floue, on risque surtout de « psychologiser » la crise sociale majeure de notre temps en ignorant la mise à mort de cultures éprouvées qui étaient celle du travail, celle de l'ouvrier, celle d'une finalité sociale lisible dans l'idée de progrès et de réduction des inégalités et, dans une certaine mesure, celle du partage. On n'omettra pas non plus de signaler que l'écologie urbaine est toute récente et au tout début de ce qu'elle peut nous apprendre de ce qu'en mutant pour la ville, en une invasion brutale, notre société a maltraité des modes d'être ensemble ancestraux. Une dernière remarque qui ne paraîtra pas, nous l'espérons, déplacée. L'effraction du symbolique a des conséquences quelquefois imprévisibles, souvent différées, mais toujours gravées. En attentant à elle-même par Auschwitz et Hiroshima, la civilisation occidentale s'est blessée pour longtemps et n'a pas fini d'en régler la note. En Europe — sans parler du reste du monde —, les atrocités continuent dans la mise en scène théâtrale des violences destructives. Redoutons que nous ayons encore à subir les effets de mort sociale, génération après génération, de cette transgression collective des interdits, il y a plus de cinquante ans, et à apprendre à ne pas nous étonner de leur permanence.

*

* *

Devant ce que produisent désarroi individuel et détresse sociale, qui empruntent soit la voie symptomatique de la nosographie classique soit le *no-man's land* d'une dépression polymorphe et dont la quantification est massive, la psychiatrie, appelée à ramener sa science, doit bien concéder qu'elle ne possède pas encore les éléments d'analyse de la complexité qui lie la modification de notre environnement social et la vie psychique du sujet souffrant d'aujourd'hui. Il en découle qu'elle n'a pas les instruments d'intervention ou de soins adéquats. Néanmoins elle ne peut nier qu'elle est convoquée en urgence. Et, justement, le décideur cherche à la rallier, entre l'accueil et l'urgence, à l'hôpital général, tout en lorgnant aussi du côté des SAMU sociaux. Médicalisation et colmatage tout à la fois de risques sociaux majeurs. A trop presser la psychiatrie, on va la manquer, d'autant que si elle est observatoire réel des pathologies de l'existence et, de là, susceptible d'alerter sur la gravité des ruptures en cours, elle n'est ni inféodée au culturalisme de la seule causalité sociale, ni appelée à faire taire les légitimes révoltes des sujets et des groupes électivement victimes des pratiques néolibérales. La critique qu'elle a pu faire de certaines de ses erreurs, en particulier dans sa variante nord-américaine de l'adaptation normative à tout prix ou de la caricature criminelle que nous a donnée la psychiatrie soviétique d'Etat où exercèrent les Mengeles de l'esprit, doit aider à ce que la psychiatrie ne soit jamais à la botte de quelconques directives d'Etat. Nous noterons, cependant, que, de par ce qui a été son expérience historique et ses innovations, il y aurait à la laisser faire son chemin et l'écouter, alors qu'on cherche à l'embringuer et l'amenuiser dans l'actualité des programmations bureaucratiques à l'œuvre autour du grand assainissement du sanitaire, avec en toile de fond la réduction du déficit public au travers de l'un de ses serpents de mer : les dépenses de santé. La plupart des psychiatres se débattent avec l'impossible, au sein d'une quotidienneté d'intendance médiocre. Ils se taisent non sans raison. Qui peut dire ce qui se trame dans le monde de précarité ? Qui peut affirmer les irréversibilités effectives du délitement du lien social ? Qui peut préjuger du remaillage, du travail atypique des formes de vie en territoires sinistrés dans le même temps qu'on ne peut écarter, non plus, qu'une aventure politique extrême puisse servir d'exutoire collectif à la maladie ? La violence spectaculaire qui a gagné les jeunes dont des mineurs, alliée aux cortèges de la délinquance et aux manipulations mafieuses, témoigne de l'entrée dans une guerre civile larvée au nom du principe : « On ne nous écoute pas, donc on casse : c'est la loi. » Qu'elle soit [la violence] le fait de communautés ethniques en difficulté, ou en refus d'intégration, et d'autochtones marginalisés ne doit pas dissimuler qu'elle adopte, sans référence idéologique trop précise, des comportements profascistes. Le trouble inquiétant des politiques, leur incurie passée sur la question, le recours au « tout sécuritaire » peuvent faire craindre qu'il ne soit déjà trop tard et que la rupture culturelle concernant une partie non négligeable d'une génération ne soit consommée définitivement.

La psychiatrie est aux portes du ghetto comme elle est aux portes de l'an 2000 et en période de pénombre nocturne comme ses praticiens du siècle passé. Elle observe sans trop agir sur ce qu'elle anticipe de ce qui se profile et envers lequel, même empiriste, son savoir-faire potentiel n'est pas négligeable.

*

* *

Parmi les transformations qui la retiennent, il y a celle de *la famille*. Des siècles que l'Occident s'appuie sur elle — et en particulier le siècle industriel — qui avait trouvé dans la famille nucléaire patriarcale monogamique la base solide de la reproduction biologique, éducative, idéologique, et celle de la transmission du patrimoine. Depuis plusieurs décennies, cette forme instituée a été mise à mal par les multiples évolutions des sociétés occidentales. Pourtant, on s'y réfère comme à un mythe — un mythe recroquevillé — quand il s'agit de rappeler les valeurs traditionnelles garantes de l'harmonie sociale (imaginaire) qui se transmettaient par le truchement de la famille. Ainsi s'est conforté et entretenu le familialisme. La famille y est certes conçue comme le lieu de l'amour, de la fidélité et du respect, du couple parental, de l'enfant, de la filiation et de la mémoire générationnelle, mais elle est aussi destinée à maintenir la cohésion du groupe élargi. L'humanité s'y apprend. Cette fonction idéalisée qui vise à assurer la normalité est inhérente à ce que le groupe attend d'elle : qu'elle serve à la mise en conformité avec ses idéaux. Dans le cadre de la société marchande libérale — mais c'est le fait de tout système social dominant, et les totalitarismes en tout genre ne s'y sont pas trompés en sachant l'utiliser —, le truchement familial est essentiel, qui initie l'individu aux règles communautaires sous son égide : autorité, travail, procréation, préparation au rôle social, accordé avec les aspirations transcendantes du groupe et des pouvoirs — la patrie, la nation, l'Etat[3]. La famille comme creuset traditionnel de l'humanisation et de l'intégration au groupe sans lequel l'être humain ne survit pas est une donnée universelle qui se double cependant d'attributions relatives aux impératifs du groupe et des fins avouées ou non avouées de celui-ci dont l'une, insistons-y, est de former des individus conformes, standard.

La famille idéalisée et exaltée est évidemment une fiction. La psychanalyse, la théorie des systèmes ont formalisé ce qui était constaté depuis les âges les plus reculés de la culture, que la scène familiale était le lieu de conflits, de

3. A remarquer, toutefois, qu'en introduisant la délation politique dans les familles, les totalitarismes ont écorné l'unité familiale supposée. De même l'intrusion dans l'intime, aujourd'hui.

dysfonctionnements destructeurs tout aussi actifs que les processus, magnifiés, de stabilité. La famille s'articule en un équilibre précaire sur des rencontres de forces opposées, celles des désirs des sujets qui la composent et leurs rivalités, mais également celles du dedans et du dehors. Moment nécessaire à la maturation — laquelle ? —, la famille, dans l'Occident chrétien, a promu une instance durable dont nous avons rappelé plus haut la forme patriarcale et monogamique, le patriarcat se confondant avec l'autoritarisme, le monogamisme avec la domestication (sinon la répression) de la sexualité, prescrivant donc la soumission, proscrivant la rébellion, l'adultère et la liberté sexuelle. Par elle se sont substitués au corps de plaisir, le corps de travail, à la sexualité ouverte, la sexualité mercenaire. Le prix à payer pour le sujet — et Freud l'a noté dans son *Malaise dans la civilisation* — a été considérable, bien que, pour Freud, le renoncement du sujet à ce qui était la source du plus grand plaisir attendu fût inévitable, inéluctable, afin de demeurer dans le groupe. Le compromis trouvé entre le désir et l'exigence de l'autre étant singulier pour chacun, il origine le destin, chacun se débrouillant avec ces impedimenta. Dramaturgie.

La famille a-t-elle éclaté ? La réponse ne doit pas être hâtive. Dans les années soixante-dix, la mort de la famille a été annoncée. Trop tôt ? On oppose à son sujet enquêtes et contre-enquêtes qui plaident dans un sens ou dans un autre. Cette frénésie d'études exprime que la question se pose bel et bien, ainsi que l'hypothèse d'une inadéquation progressive de la structure familiale classique au développement humain. La famille serait-elle moribonde ? On évoque l'esprit de Mai : le grand pervers, la nécessité de l'économie, ses coups de boutoir et le mixage culturel, les immigrations et leur complexité familiale, la crise du symbolique. Il semble que la médiation qu'avait le groupe pour assurer sa cohérence n'opère plus et l'on s'accroche à la restituer. Désespérément. Peut-être serait-il plus utile de penser de nouveau cette évolution constatée et contestée en termes de civilisation. L'amour est libre, trop grand, trop avide, trop intense. Le mariage croyait le sacraliser — ou, plus modestement, le ritualiser par l'acte civil —, il l'aliénait. Le pourcentage impressionnant des divorces prouve que la forme n'est plus adaptée. Les êtres qui se rencontrent cherchent des unions souples, mouvantes, réversibles et non protocolaires. Une civilisation avancée doit reconnaître le caractère protéiforme de l'amour humain et sa répugnance à se laisser enfermer pour mourir. Elle reconnaît aussi qu'il est au cœur de l'homme, de sa créativité et de son épanouissement et que toute injonction à le restreindre attente à la lumière du monde. Le maintien de la disponibilité et de l'état amoureux est un gain de civilisation. Les sujets qu'ils animent sont les plus propres à inventer et à transmettre l'amour dans leur vie. Aussi observe-t-on, ignorant le chœur des pleureuses qui ne cesse de se lamenter sur les vertus introuvables de la famille patriarcale, l'apparition de nouveaux modes d'être qui tendent à la reconnaissance de l'amour libre — ce qui, d'ailleurs, est un pléonasme — et de l'établir comme condition du bonheur. Il est toutefois paradoxal que, dans cette conjoncture, les homosexuels, dont la lutte pour l'existence a été emblématique et civilisatrice, revendiquent à leur tour la forme du mariage alors que celle-ci bat de l'aile. C'est là sans doute contradiction inhérente à toute ébullition collective où les positivités côtoient les négativités.

C'est du côté du bonheur, de la permanence de l'état amoureux, du fait de civilisation, qu'il faut situer la crise de la famille plutôt que dans celui d'un horizon crépusculaire. Toute contrainte implique la frustration, et la famille nucléaire est désormais incapable de contenir les frustrations qu'elle a engendrées ou pérennisées, et son cadre est obsolète. L'amour cherche et trouve les formes qui lui permettent de se déployer. Il peut, si les partenaires le décident et se sentent capables de parcourir ensemble le long chemin de la vie, adopter celle du mariage ou de toute autre forme de contrat. Il peut aussi être l'apanage de la rencontre de deux êtres qui se suffiront à eux-mêmes, ensemble, et s'en réjouiront. Le multipartenariat n'est ni un dogme ni la condition de l'accomplissement de l'amour, il participe cependant de la découverte et du monde de l'expérience. Chacun va selon ce qui le sollicite et qu'il peut assumer. Il semble seulement, à ce que dit la souffrance psychique à propos de l'amour, que les unions libres portent en elles-mêmes la possibilité de renouvellement et de moindre altération de la capacité d'aimer en sachant se terminer.

On a voulu voir dans la crise du familialisme un danger majeur pour l'enfant, pour la socialisation. L'enfant humain, le plus immature rejeton des mammifères supérieurs, est en effet d'une dépendance totale envers le milieu adulte durant des années. Sa fragilité, lorsqu'il est devenu adulte, est en relation cohérente avec ce qui a été vécu dans la prime enfance. D'où l'attention farouche portée aux conditions de son développement et la référence obligée au milieu familial. Or, tout le démontre : la structure familiale traditionnelle est elle-même en partie pathogène. Vécue comme moindre mal — et comme la démocratie, le moins mauvais du pire —, elle a perduré, engendrant peu de cellules harmonieuses conformes à l'imagerie sulpicienne qui la prône. La psychiatrie en ses consultations voit défiler le florilège des ratés de l'idéologie familialiste : parents sans désir de parentalité, parents frustrés dans leur sexualité et ne se l'avouant que douloureusement, enfants livrés à la querelle, à l'immaturité adultes, rejets et hyperprotections, insécurité affective partagée, disparition du sens de la vie. Elle a loisir de considérer que ce que des travaux déjà anciens avaient montré des familles symbiotiques, problématiques ou schismatiques tend à se quantifier notablement. La famille nucléaire a été responsable non pas de tous les maux de l'humanité mais d'une partie de ceux-ci. Ce n'est pas céder au catastrophisme que de le dire, de même qu'il n'est pas inconvenant de noter que dans la vision politique des effets du déclin de la famille traditionnelle, il y a confusion entre la fonction d'autorité et l'autoritarisme. Le pas est vite franchi d'attribuer la violence, le comportement asocial, à la seule causalité d'un déficit dans le rapport à l'autorité — Mai 68 est encore passé par là ! —, déficit attribué en amont à la carence familiale, la famille — le père en particulier — se devant d'assurer la transmission symbolique de la loi et des interdits fondateurs. D'où le procès de la faillite des pères et le recours aux formules simplistes de l'autoritarisme. Tout spécialiste du psychisme sait que « l'introjection » de la loi est opération précoce et délicate et se passe souvent sans mot. Le même spécialiste sait aussi que l'autorité ne s'impose pas. Elle est. Tout ignorant en mathématiques reconnaîtra d'emblée l'autorité du mathématicien. Tout débutant en musique adoptera une attitude semblable envers un musicien confirmé. C'est la condition de l'apprentissage de l'une ou l'autre discipline. L'autorité est évidence, échange contractuel et non imposition : j'apprends de celui qui sait qui apprend de moi dans ma facilité ou ma difficulté. L'autoritarisme est un pouvoir. Se voulant lourdement persuasif et pédagogique, il s'assène et ne convainc pas. Il a recours à l'imposition et, quand il ne se croit pas entendu — et il ne peut l'être —, il choisit la force, la contrainte, la répression. Il ouvre alors sur l'impasse relationnelle en induisant la perversion — le sadisme, le masochisme — qui le défie et l'entraîne dans la surenchère. Bref, il crée le conflit, répétitif, sans solution, ou il est disqualifié de par son insistance inopérante. Face à l'enfant rebelle, incompris, les parents renvoyés à eux-mêmes, à leur rapport à la loi symbolique, dépourvus de l'autorité, adoptent en vain l'autoritarisme. Le quotidien nous enseigne sur l'impossibilité de l'éducation par ces méthodes. Corrélativement, une société maternante a vu le jour, hyperprotectrice, son hyperprotection évoluant inéluctablement vers le contrôle.

Le principe de la famille n'est sans doute pas contestable : celui d'offrir aux adultes qui ont décidé de rester ensemble le temps qui leur conviendra, aux enfants qui pourront naître de leur union, un espace communautaire où doit se faire, et c'est déterminant, la plénitude de l'accueil de l'enfant et sa poursuite durant les âges de la vie qui mènent à la maturité. Ce qui importe à l'enfant dépendant et désirant, ce n'est pas le formalisme du cadre mais la présence aimante d'où qu'elle vienne et quelle qu'elle soit. L'environnement d'amour lui est essentiel comme celui que diverses cultures et ethnies ont promu et appelé : la famille élargie. Un groupe communautaire relayant les géniteurs à leur demande, leur offrant des séquences vivantes d'autonomie et de désir afin de revigorer leur lien à terme, peut très bien accompagner le développement d'un enfant en des périodes rythmées par le désir parental d'un ailleurs provisoire et gratifiant, sans qu'on ait besoin de ressortir le reproche d'abandonnisme. Le préalable à l'environnement d'amour c'est que les adultes n'y soient pas dans le désordre amoureux, dans la répression de leur désir, la négation d'eux-mêmes. Des adultes en paix, en harmonie — autant que possible — sont au plus près du don d'amour, et les enfants aimés par eux — peu importe leur niveau social — sont les plus aptes à aimer la vie, donc à réussir la leur.

La psychiatrie convoquée sur la scène du familialisme est presque sommée de remédier aux effets du délitement du système. Ce qui lui est demandé, il y a maldonne notoire, n'est guère éloigné d'une rééducation parentale, ou tout au moins d'un replâtrage éventuel, sans contestation des bien-fondés de la référence familiale. Or, la question n'est pas dans la restauration du cadre en ce qui concerne les cas qui lui sont adressés, mais dans : que faire du désir exprimé par le sujet d'une vie autre et de ce qui pourrait la permettre ? Entrer dans une logique du désir n'est jamais confortable mais elle est la seule qui puisse être tenue quand on se mêle de la chose mentale. La famille éclatée témoigne de l'incompatibilité des désirs des protagonistes et de son incapacité à les concilier. Le réalisme implique qu'on s'en tienne au constat de ce qui deviendra séparation, divorce, et qu'on fasse en sorte que l'intelligence des uns et des autres puisse en débattre pour éviter les issues sordides et indignes qui affecteront durablement les acteurs, à commencer par l'enfant. L'humanité n'a cessé de trouver des solutions aux problèmes qui se posent à elle. La crise du familialisme l'entraîne à la découverte de nouvelles régulations des échanges humains et contractualisés entre sujets qui peuvent décider librement d'y mettre un terme sans instance tierce. Le catalogue de la liberté des unions est vaste et ancien. Il est significatif que les mouvements révolutionnaires aient soutenu, avant qu'un pesant conformisme s'empare de leurs mœurs, l'ouverture du champ de l'activité amoureuse et sexuelle des hommes et des femmes dont l'émancipation de la soumission tutélaire patriarcale était proposée. Tous percevaient dans la famille nucléaire le lieu originel du maintien de l'ordre établi et la distinguaient clairement de la nécessité d'un groupe d'accueil, d'amour et d'éducation pour les enfants. La psychiatrie forte de son expérience communautaire se doit d'être attentive à la manière dont les hommes de ce temps cherchent solution, en dehors du mariage et de la famille instituée, à leurs échanges en vue de permettre l'essentiel de l'amour. L'inflation des soutiens familiaux, qui vont des consultations matrimoniales aux entretiens parentaux et thérapies familiales, affine souvent l'analyse des situations bloquées, des rôles des partenaires et des procédés de communication. Elle participe par là à un possible mieux-être des acteurs familiaux. Elle ne peut cependant, se cantonnant dans la technique pure, écarter le débat sur l'instance familiale qu'une partie de la société met en cause. Toute souffrance ou tout blocage familiaux ne sont pas négatifs. Ils indiquent aussi que les acteurs sont au bord de mettre un terme à une histoire finie. La psychiatrie ne souscrit pas à un boy-scoutisme social imprégné d'idéologie familialiste qui ignore les prémisses de l'acte de civilisation où tentent de se repenser les rapports d'amour.

*

* *

Il est vain de parler de l'institutionnalisation de l'amour sans parler de *la sexualité*. La sexualité humaine est géante, envahissante, inlassable. Irréductible à la biologie, elle est le cœur énergétique de la vie psychique, des relations et des créations humaines. Tout sujet se confronte à elle, à ses exigences, sa vie durant. Elle est au-delà du bien et du mal. Elle ne vise qu'à sa satisfaction. Elle choisit des objets électifs pour s'assouvir et son repos est éphémère. Troublante, inquiétante, sans elle, pourtant, il n'y a pas d'humanité. Elle est l'amour, la célébration de la vie. Dans le même temps, insatiable, elle peut détruire par sa recherche éperdue des intensités. Aussi, pour vivre, faut-il la contenir, la dériver vers des objets compatibles avec la subsistance, la coexistence avec l'autre animé des mêmes forces pulsionnelles. La civilisation s'est bâtie sur ses limitations. Les règles qui ont été édictées à son endroit sont le socle de la morale et du droit. Suspecte, on la tient donc à distance. La famille est la première instance de sa domestication. L'humanisation est dans l'apprentissage des limites à lui imposer, condition de la relation à l'autre et au langage. La scène familiale, ce microthéâtre, met en place le cadrage où, le sujet, en connaissance des interdits fondamentaux, accepte que disparaisse sa toute-puissance et que, de là, s'instaure la dimension de ce qui, désormais, lui manquera jusqu'à sa mort. D'où l'incomplétude, la finitude humaines, viatiques avec lesquels chacun s'exercera à vivre. C'est sur ce manque insituable, la disparition des objets perdus de la jouissance de l'infans, que vont se déployer sexualité et psychisme. Tout raté en ce chapitre conduira un jour ou l'autre à rencontrer la psychiatrie qui a connu aussi dans son histoire la sexualité asilaire, prolixe et misérable, à l'image de celle des prisons et qu'elle a pu rapporter à celle, harassée, des murs invisibles de la société du travail.

La civilisation ne cesse, par essence, de traiter de la question sexuelle envers laquelle elle oscille, dans une bipolarité, entre la répression et la libéralisation. Il est difficile de référer le déplacement du curseur de la tolérance, quant aux pratiques sexuelles, à des données sociologiques ou historiques trop générales qui feraient des sociétés conservatrices, des sociétés conservatrices en tout et des progressistes, des progressistes en tout. Toutefois, il n'est pas inconcevable de penser qu'une période de conservatisme comme celle que nous vivons, malgré le grand air de la mutation à tout crin, tend à restreindre la marge de la tolérance dans les mœurs. Certes, notre société est fondamentalement hypocrite, ambivalente, comme l'est le sujet face à sa sexualité. Dans l'Antiquité — les années soixante ! —, on proposait la « désublimation répressive » pour la saisir dans son rapport à Eros. La sexualité, notre société l'exalte. Sur les murs, sur les écrans, on ne voit qu'elle, devenue un commerce, une valeur marchande à consommer. Cet appétit suscité est un leurre, une duperie qui empêchent de vivre pleinement la sexualité. Il n'est que de songer à l'érotisme pornographique ou publicitaire où une femme nue = un savon, une bouteille d'eau minérale, pour conclure au degré zéro de l'érotisme. Hypocrite dans son traitement marchand où elle met en avant une image, une projection éthérée, une nudité dépouillée, plastique, où elle banalise le rapport sexuel en le fourguant à tout va, notre société ne craint pas d'en revenir aux stéréotypies puritaines, aux défenses fantasmatiques régressives, dès qu'on la confronte à la sexualité réelle. Qu'on repense aux équations homosexualité-sida, toxicomanie-sida. Dans ces deux cas de figure où l'on se meut dans un univers de maladie et de délinquance — tout au moins c'est ce qu'invente la rumeur publique —, où l'obtention du plaisir obéit à des relations non conformes, le moralisme est présent. Le vieux rapport d'Eros et de la mort réapparaît et le plaisir est condamné, surtout s'il emprunte des codes non conventionnels. Pour s'en distancier, pour s'en prémunir, voici que la biotechnologie sort à son tour de sa besace : la procréation sans rapport sexuel. Non pas la pratique de la PMA où le couple est censé avoir une vie sexuelle, mais, parmi ses audaces : l'insémination des vierges à leur demande, comme elle est pratiquée dans le cher Royaume-Uni, réalisation plein pot — apparemment on n'en a cure — du désir de l'inceste paternel. On n'est pas passé de la PMA à la SMA (sexualité médicalement assistée) mais à la non-sexualité médicalement assistée. Le puritanisme, le moralisme ne sont que rationalisations face à la sexualité et détours — néanmoins, pour en profiter, la fascination voyeuriste n'en est pas le moindre. Alarmons-nous, toutefois, de leur conjonction, en cette époque de montée des intégrismes et du vent mauvais qui nous vient des Etats-Unis.

Récemment les réactions face aux comportements pédophiles ont donné un état des lieux grandeur nature du difficile et instable compromis auquel a concédé notre société quant au sexuel. D'abord, levons toute ambiguïté : la pédophilie est délit et crime ressortissant au pénal qui possède dans son arsenal, sans qu'il soit nécessaire de surenchérir, de quoi largement la sanctionner. Un fait divers belge, digne de Landru, déclenche brutalement l'affaire et sa médiatisation. Landru (Dutroux) met à feu et à sang et dans tous ses émois la Belgique dont la capitale est celle de l'eurocratie. Aussitôt, se dévoile l'étendue de l'exploitation sexuelle des enfants. Comme l'enfance a été érigée en sanctuaire — pour des raisons qui ne sont pas toutes nobles, en particulier économiques : le fameux marché de l'enfance, où l'on ne rougit pas de la voir faire le groom du marketing publicitaire —, l'indignation est immédiate. L'opinion chauffée à blanc, les passions exaspérées, le temps est propice à l'amalgame, à l'imitation des circuits de la drogue, entre le proxénète — le dealer — et le détenteur de photos obscènes — le consommateur. L'aberration sexuelle avec son aura démonologique, transformée en monstruosité, la grande peur resurgit. Le fléau social est partout, il rôde aux portes des écoles et des cinémas, dans les centres aérés et les colonies de vacances, au sein des familles. Le plan ORSEC des calamités nationales est mis en œuvre, les juges partent en campagne. La traque, la chasse à l'homme s'organisent à tel point qu'on s'émeut des bavures au ministère de la Justice. Au festival des belles âmes, on s'improvise justicier, ayatollah. Réactivant la haine du corps et de la sexualité jamais éteinte, on réclame l'humiliation, la loi du talion pour ces sous-humains : les pédophiles. Les psychiatres — qu'on soupçonne a priori de trop de compréhension — sont invités — c'est un euphémisme — à rendre compte du suivi de la délinquance sexuelle criminelle. Certains, pondérés, insistent sur le pourcentage faible — mais toutefois préoccupant — des récidives des condamnés incarcérés, relativisant les traitements héroïques : la lobotomie, la castration, proposant la chimie, la thérapie. Ils sont trop bons. Ils pèsent peu sur le déferlement. D'autres psychiatres iront le nourrir dans l'espoir de voir reconnue une surspécialisation médicolégale consacrée à la délinquance sexuelle criminelle, à la fois leurs créneau et fonds de commerce. L'opinion exige une loi, dans la précipitation, qui assure l'éradication du mal par la détention à perpétuité du criminel sexuel. Toute modulation différente est qualifiée de laxisme et de complaisance. Le doute gagne sur les institutions et les praticiens. Faut-il confier les « monstres » au médical ou à la seule justice ? Partant d'un indéniable fait criminel sur lequel, répétons-le, le juridique avait depuis longtemps tranché dans l'évaluation de la gravité et des sanctions afférentes qu'il est chargé d'appliquer, voici que la raison s'égare. Une pollution mentale s'empare de l'opinion et des discoureurs, la sexualité dans une de ses expressions pathologiques devenant presque problème de société numéro un. Et le fait d'avoir été ainsi projetée et d'avoir tant fait gloser, jusqu'à en oublier l'emploi et le chômage, par déplacement, montre bien que la sexualité est préoccupation première. Dont acte. Elle suscite l'affrontement intellectuel où l'invective se substitue à l'argumentation puisqu'un moment, dans l'exagération (et le courage), il sera parlé pour les pourfendeurs de la pédophilie d'attitude fasciste en démocratie et de complaisance coupable pour les modérés ! Pollution, écrivions-nous plus haut. Un simple exemple, plusieurs mois après la déferlante, sur une radio nationale en une séquence : questions des auditeurs, réponse des journalistes. Un auditeur demande s'il est bon qu'un ouvrage d'Apollinaire, *Les onze mille verges*, puisse être disponible pour tout public, surtout dans le contexte actuel, de la dangerosité pédophile. N'y aurait-il pas moyen de discriminer ce genre d'ouvrage ? Un journaliste, spécialiste de la langue française, se présentant volontiers comme humaniste, probablement de gauche, répond qu'effectivement le problème se pose, qui avait donné lieu à l'ouverture à l'ancienne Bibliothèque nationale d'un département dit de « l'Enfer », où étaient regroupés les ouvrages litigieux. Sans doute une bonne chose, avec, sous-entendu : pourquoi ne pas en reprendre l'idée et l'étendre à la diffusion ordinaire ? Il y a de quoi être stupéfié en 1998 par de tels propos. Ne pas aimer *Les onze mille verges* est de l'ordre du subjectif et respectable comme l'est une opinion. Mais le texte est un texte littéraire. Le démarquer ainsi, c'est le censurer et dénier le droit à la fiction, à la poésie ! Il n'y a pas de censure singulière, il y a la censure en général. Y concéder, c'est s'engager dans l'inconnu. Qui décidera du licite de la littérature, de la pensée ? Quand Freud, ce « vieux cochon », ose écrire sur la sexualité infantile — nos chérubins sexualisés ! scandale —, il apporte la peste chez les gens bien[4]. Trente ans plus tard, les nazis — sans parler des élucubrations de Lénine sur la psychanalyse, dès 1920, suivies par celles des staliniens — ne s'y tromperont pas : ils brûleront ses livres. Et Céline ? On n'en finira pas de tergiverser. Et Henry Miller en 1947 ? *Les Tropiques* interdits à la publication et aujourd'hui partie du patrimoine culturel universel, etc. Bref exemple, ce dialogue radio, de la pollution mentale dont nous parlions et qui montre à quel point la sexualité dérange, l'insensée. Triste exemple des conséquences de tout ce remugle humain manipulé. Dangereusement.

Sauf à revendiquer *la régence abusive des conduites humaines*, se croire sagesse des nations et se fourvoyer dans la psychiatrie d'extension qui dit tout sur tout et agit sur tout, la psychiatrie qui n'est ni en place de dire la morale, ni en celle de dire la loi, ne juge pas les pratiques sexuelles des hommes. Elle ne traite que des pathologies de la sexualité dans la mesure où elles sont obstacles à l'accomplissement sexuel du sujet. Elle se situe ainsi du côté de la libéralisation, en connaissance des effets pathogènes

4. Selon certains auteurs, dont Françoise Petitot, à bien des égards nous sommes revenus à un âge préfreudien où, au sujet sexualisé et désirant, se substitue un individu-objet, passif, sexuellement neutre et désigné victime.

d'une sexualité qui ne trouverait pas à s'épanouir dans le libre consentement de l'autre. L'appel sexuel est l'un des plus prégnants auxquels l'homme a à répondre. Il est aussi celui qui met à mal le registre des contraintes dont use le groupe pour conformer le sujet. En recentrant le quotidien sur le plaisir à vivre, en remaniant la hiérarchie des urgences à laquelle chacun concède, en imposant l'écoute des désirs, en réinvestissant le corps érogène, cet appel renverse l'ordre des priorités auquel on soumet la vie. Le sujet qui se rend disponible à l'amour et au plaisir qu'il induit ne concède plus au primat de l'économie de la marchandise. Sa production est ailleurs, dans la disponibilité amoureuse, dans le monde des émotions qui lui ouvre l'art, la temporalité méditative de la plénitude. Dans son exploration amoureuse, dans son respect primordial de l'autre — son (sa) ses partenaires — qui l'introduit au don de soi partagé, à s'aviser du plaisir inédit, il défie les conventions qu'impose un groupe uniquement voué au travail. Il en conçoit les conditions les plus probables pour que le flux de la sexualité sortie de la frustration qui la rend tyrannique vienne, comme l'écrivait Freud, se sublimer dans les productions les plus élevées du psychisme, encore qu'il n'y ait ni haut ni bas en ce domaine. C'est dire toute l'attention que la psychiatrie porte aux termes restrictifs — nécessairement idéologiques et utilitaires — que pourrait promulguer un système dominant quant à l'extension des libertés sexuelles. Les sujets paient très lourd la répression de leur sexualité. Une société peut en devenir malade. Le nazisme nous l'a montré. Tout en sachant que la civilisation n'a pas cessé de se mesurer à ce problème sans doute insoluble, ce serait faire acte de haute civilisation, dans le cadre de cette ère nouvelle de libération du matériel et du non-travail où on nous assure être entrés, que de laisser la sexualité emplir le temps de vie sans la contraindre aux normes d'un moralisme conjoncturel, toujours politiquement intéressé. La soustraire à l'univers marchand duplice, c'est la rendre à son usage vivant, seule issue qui satisfasse le corps et le fantasme.

On conviendra que ces quelques lignes ont à rendre à la pensée libertaire ce qui lui appartient. Le rêve libertaire qui hante la culture, nous le partageons. Nous n'ignorons pas non plus le point de gravité qu'occupe le manque structurel, ce vide en nous qui nous fait aller en vain, pour le meilleur et pour le pire afin de le combler. Nous savons aussi qu'il n'y aura pas de décret sur la sexualité qui serait résolutif de notre dialectique bâtarde de sujet humain insatisfait et désirant, désirant parce que insatisfait. L'expérience de la psychiatrie suggère seulement que la chose sexuelle, c'est de l'innommable. Masquée, elle nous agite. Réprimée, elle détruit. Reconnue, négociée, elle entre dans la forme supérieure du bien-être.

*

* *

Le traitement de la délinquance sexuelle a revigoré *le rapport psychiatrie/justice* qui n'est pas, malgré les apparences, des plus sereins. L'effort historique de la psychiatrie a été de se séparer du judiciaire pour fonder sa neutralité et son cadre de soins, pour s'affirmer discipline scientifique dans la diversité médicale et privilégier le colloque singulier avec le patient, respecter le secret professionnel de la confidence, s'abstenir de toute prestance liée au pouvoir afin de redonner la chance de la liberté à l'aliénation. De plus, avec l'introduction de la psychanalyse et du transfert comme clé relationnelle, l'exigence de l'autonomie soignante est indépassable. De s'être émancipée de son auxiliariat de justice rend la psychiatrie vigilante à l'égard du fonctionnement judiciaire. Un petit juge peut devenir l'homme le plus puissant de France, un psychiatre, jamais. Il est difficile d'interpréter le rôle exact que joue aujourd'hui la justice dans le pays. Trop d'effets de manche, trop d'affaires dans un monde où les pouvoirs institutionnels sont en partie fictifs et où existe, entre eux, un jeu de substitutions ambigu. On ne sait trop s'il y a du revanchard dans l'air, de l'épuration, de la délation. Qu'importe, on moralise, on légifère ! Nous vivions dans la corruption, la prévarication généralisées et nous l'ignorions. Les têtes couronnées de l'establishment vacillent en une crainte robespierriste. (Mais Robespierre était avocat !) Cette effervescence justicière d'une fièvre morale civique n'est pas sans retentir sur le secteur professionnel où justice et psychiatrie ont du commun. On a vu, entre autres choses, un quelconque juge à la main leste incarcérer un psychiatre, le mettre au secret pour retard de certification dans le cas de maltraitance entre patients mineurs en institution. Ce qui d'ailleurs atterra certains de ses pairs. En effet, pourquoi pas la lettre de cachet ? Bref, on pourchasse, là aussi, le laxisme : la lenteur psychiatrique qui est son art et sa manière, au risque de compromettre le processus thérapeutique. Le psychiatre comme médecin et comme citoyen n'échappe pas — et c'est heureux — aux devoirs de la loi, en particulier au chapitre de la non-assistance à personne en danger, occurrence assez fréquente en psychiatrie de l'enfant où le signalement de la maltraitance est impératif. Nul ne songe à se dérober à ce qu'implique la loi, mais il est permis de se demander si, après analyse singulière, le remède — la saisie du juge pour enfant dont les suites de l'action ne pourront plus être maîtrisées extérieurement — n'est pas quelquefois pire que le mal. Cette interrogation est légitime tant la mesure judiciaire peut être lourde de conséquences. Il est évident que les juges en sont conscients. Recueillant les avis, dont celui du psychiatre, ils décident de l'intervention la plus adéquate. Il est, parmi eux des para-psychanalystes, des activistes de la mesure, des inaccessibles, des accablés, des sages. Quelques-uns, férus d'à-peu-près psychologique, sont omniscients : sur l'enfant, la famille, l'adoption, les conduites à risque. Ils tiennent séminaires, commissions et conférences. Ils ont l'appétence médiatique et tranchent de tout. Idéologues, influents, ils ne favorisent guère la sensibilité thérapeutique.

Mais cela n'est que partage brouillon des compétences, anecdote, le fond du rapport est tout à la fois épistémologique et éthique. S'il s'avère qu'un sujet aliéné est susceptible, par ses manifestations symptomatiques, de troubler l'ordre public, alors il doit être trouvé les moyens de pallier ce trouble et ses effets. D'abord, en étudiant la personnalité du sujet, et en évaluant sa responsabilité lors de son passage à l'acte. Responsable, il est justiciable ordinaire ; irresponsable, il est justiciable mais confié à la psychiatrie. L'avis psychiatrique permet au juge de décider du principe et de la nécessité du soin, et non le psychiatre, qui est ici en position d'auxiliaire de la justice. Le psychiatre délégué au traitement, bien entendu, la justice n'interviendra pas sur sa prescription technique. On pourrait se satisfaire ici du montage : le représentant de la loi protège le sujet et autrui des effets comportementaux de l'aliénation et indique pour le sujet un établissement de soins spécialisé. Cette procédure permet-elle un soin effectif dans son entorse au contrat, toujours singulier et privatisé, qui règle la relation thérapeute / patient, sans parler de la qualité du transfert ? Les différentes lois 1838, 1938, 1990 n'ont pas résolu cette aporie. Alors, pourquoi des lois ? Ces lois de protection du sujet et d'autrui dissimulent, en fait, l'impossibilité de contenir les manifestations spectaculaires de la folie, autrement que par le recours à une procédure qui se substitue à la volonté du sujet, comme ses symptômes s'y sont substitués, mais aussi au thérapeute qui est mis en demeure d'accepter la mesure et de traiter. On arguera qu'une mesure légiférante, lors de la submersion du sujet par une montée de l'angoisse psychotique, n'est pas sans effet thérapeutique par le placement en milieu protégé, et que les psychiatres, par le jeu des certifications, ont la possibilité de la modifier. Qu'eux-mêmes font également appel au judiciaire pour dénouer certaines situations de danger pour le sujet ou pour son entourage, comme dans le cadre de la psychiatrie infanto-juvénile, et ne sont pas sans solliciter le juge pour des mesures éducatives, de retrait provisoire de l'enfant d'une famille pathogène et pour assurer le suivi thérapeutique. N'empêche que la collaboration gagne à ne rester que ponctuelle, intégrée à un projet de soins dont l'équipe soignante qui n'est l'obligée de personne — sinon du sujet lui-même — a la responsabilité. La loi de 1990 qui veille aux conditions de l'hospitalisation des malades mentaux s'est voulue progrès par rapport aux législations antérieures, dont la plus ancienne et la plus élaborée, revue en 1938, datait d'un siècle et demi (1838), en étendant la protection du malade contre l'internement abusif. En fait, elle a compliqué les procédures d'admission et donné plus de pouvoir aux instances locales. Ce qui fait que le trouble de l'ordre public a été réinterprété par des édiles, peu au fait de la psychiatrie, sinon hostiles, on l'a vu, qui n'hésitent pas à interrompre les fameuses déambulations psychotiques dans la cité, souvent inoffensives, par un arrêté autoritaire et bon indicateur d'intolérance qui renvoie à l'hôpital. Le courage politique eût été de supprimer toute loi sur l'internement, de généraliser le service libre, de réserver à quelques cas exceptionnels des procédures exceptionnelles d'internement.

La justice a pourtant ses aficionados dans le sérail où on a déjà repéré le Klinicien : *les Experts*, les adeptes du médico-légal. Praticiens hospitaliers, quand ils le sont, ils apparaissent dans les services, fugitivement, sous la forme du « Docteur Courant-d'air », tellement l'expertise, le fricotage avec les assises et autres cours annexes les sollicitent. La criminologie les fascine. Ils aiment rencontrer les grands fauves, ceux des désordres extrêmes, doser les degrés de responsabilité et, surtout, fréquenter les pulsions meurtrières, l'emphase des symptomatologies historiques, théâtrales et dramatiques, décrites par des auteurs classiques. Psychiatrie d'antichambre, de prétoire et de musée donc — à ne pas confondre avec celle menée en milieu carcéral auprès des détenus devenus malades — elle nourrit bien son homme. La concurrence est féroce et il n'y a pas foule sur la liste des experts psychiatres auprès des tribunaux. On dira que ces remarques sont un peu rudes et que l'humanisme de la psychiatrie a à paraître là où se joue le destin d'un homme qui a pu rencontrer la folie sur sa route. C'est indéniable. Mais, dans le contexte de notre actualité passionnelle où il y a récurrence d'allergies envers les comportements limites et les classes dangereuses, il n'est pas absurde de penser qu'on aimerait impliquer la psychiatrie dans une croisade idéologique, non avouée, de remise en ordre (moral). Tout flirt prolongé avec les appareils d'Etat fait perdre son âme. La psychiatrie médicolégale, enfant chéri des médias, n'est qu'un pseudopode, utile a minima, et non représentatif de la psychiatrie à l'orée de l'an 2000. Elle est gadget, comme la prétendue « victimologie », ce nouveau plat réchauffé. La médecine et la psychiatrie n'avaient-elles donc pas eu à connaître en leur clinique le trauma psychique ou les effets psychiques d'un trauma ? Certes, il y a des attentats, des catastrophes naturelles, urbaines, etc. Le nombre des victimes est extrêmement minoritaire par rapport à la file active du service public de psychiatrie. Qu'importe, le psychiatre est désormais convié (fortement) à se trouver au pied de la tour infernale, acteur psy du SAMU dépêché en urgence. On pense même en faire un surspécialiste ; en médecine, les spécialités se créent à la chaîne du saucissonnage selon les modes et les lobbies au détriment du généralisme. Et pour peu qu'il y ait un strapontin dans une faculté... Ce n'est pas l'attention aux victimes qui est en cause, évidemment, mais la promotion par effet d'annonce d'une activité infiniment réduite comme priorité de santé publique alors que, là où le travail lent et patient est à l'œuvre, on vit à la merci des coupes budgétaires !

*

* *

Un domaine, aussi, où se focalise le rapport au plaisir et à ce qu'une société peut admettre de son contenu, où police, justice et psychiatrie interviennent, est celui de *la drogue*. Déclarer illicite la consommation de drogues situe d'emblée la toxicomanie dans le domaine de la faute. Elle est d'abord délit. Les conséquences de l'usage régulier — et même épisodique — des drogues donnent lieu à une dramatisation que la connaissance scientifique sur les effets des produits pour certains ne permet pas d'authentifier. C'est donc à la fois sur la condamnation a priori de l'usage des drogues et sur un imaginaire pseudo-scientifique que porte la problématique actuelle. L'histoire des civilisations montre que chacune d'elles a eu à traiter de la consommation de produits à effets psychotropiques, pour la plupart d'origine naturelle, et utilisés en diverses intentions qui allaient du rituel religieux à la constitution d'une pharmacopée. Les médecines des diverses cultures ont toutes eu à connaître des propriétés des plantes, passant de la découverte de hasard, à l'empirisme, puis à la manipulation rigoureuse. La majorité des molécules actives, synthétiques, sont à l'origine copiées ou dérivées des modèles naturels. Ont donc été ainsi isolés au cours des âges les principes efficients des substances végétales, dont certaines ont servi et servent encore en médecine, affirmant la dimension culturelle de l'investigation du monde des plantes. Quelques-unes d'entre elles, de par leur action sur la conscience et les perceptions, en les modifiant, en accentuant leur acuité ou provoquant l'hallucination, ont reçu statut privilégié. Liées au sacré, elles ont pu être nommées : la « chair des dieux ». D'autres se sont manifestées par des effets apaisants, relaxants, donnant la sensation d'un bien-être parfait. D'autres encore provoquent une extase orgasmique sans recours à la fantasmatique sexuelle. Toutes concourent à l'éloignement des états de conscience ordinaire, à la sédation des tensions et, pour les plus recherchées, à la négociation d'une jouissance inégalée.

Ce sont leurs pouvoirs qui fondent l'attrait pour ces produits. Leur usage n'a pour but que de satisfaire au plaisir et ce plaisir est solitaire. Le fait qu'il soit en apparence, en apparence seulement, hors du champ de la sexualité, ou qu'il soit auto-érotisme accompli, dérange par ce qu'il induit d'une conduite de vie orientée vers le plaisir et susceptible de posséder les moyens d'y satisfaire sans le sexe. De là va naître, envers elle, la même suspicion que pour la libre activité amoureuse, hors cadre, admise comme source de vie. Ces modes d'être au monde sont peu compatibles avec les exigences de la normalité productiviste dont ils sont, de fait, la contestation sans qu'ils la professent d'ailleurs idéologiquement.

On sait que le générique « drogue » couvre en fait l'ensemble de la pharmacopée, puisque sous son label entre toute substance étrangère à l'organisme qui la reçoit, dont les médicaments. Et si l'on observe les médications, on s'aperçoit qu'aucune n'est anodine. Toutes les indications, précautions d'emplois, contre-indications et tous les effets secondaires — sans parler des inductions iatrogènes — sont, à juste titre, recensés. Certains produits légaux sont même dits agressifs et leurs effets positifs contrebalancent de peu les négatifs. Bref, nous sommes dans l'univers de la chimie aux frontières labiles et où subsistent nombre d'inconnues. Or, l'on constate une forte appétence — sans cesse dénoncée dans une société qui secrète les dépendances de tous ordres — pour la consommation médicamenteuse, en progression exponentielle, dit-on. L'on distingue mal ce qui revient au marketing pharmaceutique, à l'intervention médicale, à la demande du patient. Peut-être faudrait-il se préoccuper de cette dernière qui pourrait bien témoigner, à des niveaux divers où domine l'angoisse, de ce qu'ont eu à rencontrer les civilisations quant au rapport, sous forme de conduite invariante, à la chimie, la chimie censée participer à l'harmonie du monde. A cet invariant, la nôtre n'échappe pas. D'ailleurs, la société est tolérante et permissive. Tabac et alcool — dont elle tire des bénéfices substantiels —, avec des restrictions mineures, sont accessibles. Envers eux, comme pour le sexe, son hypocrisie est évidente. Le coût vertigineux des conséquences du tabagisme et de l'alcoolisme est trop connu pour que nous y insistions et, pourtant, la société l'assume, lâchant, somme toute, du lest ou de la bride, en pis-aller conjuratoire de ce qu'elle pourrait avoir à affronter et dont nous parlons. La simple balance économique, le poids des influents lobbies, l'habitus culturel, n'expliquent pas seuls cet état de fait et il faut bien en revenir à l'invariant que nous évoquions plus haut qui, lui, est fait de civilisation et, dans une certaine mesure, transhistorique. L'homme expérimente ce que la nature lui offre et qui accroît sa connaissance du monde.

Qu'importe, on déclare avec emphase — par choix idéologique comme l'est celui, économique de la légalité du tabac et de l'alcool —, la guerre à la toxicomanie, lourdement rapportée aux uniques consommateurs des produits déclarés illicites Les produits illicites ont tous des actions psychotropiques avec une gradation de leurs qualités (leurs raffinements) qui les singularisent les uns des autres et peuvent, dans une classification sommaire, les distinguer en « doux » et « durs ». (Les dopants qui défraient la chronique n'en sont pas non plus dépourvus.) A l'origine naturels, ils sont aujourd'hui entrés dans l'ère industrielle. Ils sont connotés à la sphère du plaisir et de la jouissance, dont ils sont indissociables. La dépendance (l'aliénation d'objet) qu'ils créent est mixte : physiologique (pour les opiacées en particulier) mais surtout psychique puisqu'ils pallient le manque structurel ontologique. Leur absence objective, précisément, l'« état de manque ». Leur consommation obéit aux règles du consumérisme publicitaire. Il y a incitation à découvrir le produit, à l'essayer, à le faire connaître. Elle suit les règles du marché : production, distribution, concurrence. La prohibition, en instituant le tabou, rend le produit rare et ranime la transgression (elle-même partie du processus de plaisir). Elle fait flamber les prix, infiniment. Les bénéfices de ce négoce sont, en pourcentage, les plus faramineux que le monde de l'économie ait à engranger. En conséquence, les narcodollars ont envahi la planète, obligé à une délinquance d'Etat, à une délinquance bancaire et financière internationale. Aucune nation, aucun régime ne sont épargnés. Que ces capitaux gigantesques, blanchis, soient soustraits aux marchés et une crise économique mondiale en sera provoquée. Cette para-économie induit des transformations importantes du lien social en introduisant le défi à la loi, les pratiques mafieuses, l'accès à l'argent facile, immédiat, du capitalisme sauvage — car c'en est un pur sucre — et la destruction des valeurs à l'occasion républicaines en terrains fragilisés, et ils sont nombreux. Tous les politiques, tous les décideurs, ont connaissance de ces privilèges insensés, de ces ravages, que le citoyen subodore. Alors, qui a intérêt au maintien de la prohibition ?

Le toxicomane dans cette équipée est quantité négligeable. En tant que sujet, il est minoritaire. Sauf pour le clinicien pour lequel il est l'illustration symptomatique du rapport impossible à la jouissance. Or, il est l'objet de l'opprobre. On ne sait trop s'il ressortit à la maladie ou à la délinquance. Malade, l'est-il de vouloir connaître l'orgasme sans la médiation du sexe, ou bien des effets somatiques du produit ? Délinquant, il l'est de par la loi qui interdit de consommer des substances illicites. Il l'est également de suivre, dans la recherche de celles-ci, ce qui a été défini comme « la galère du toxico » où il fréquente les milieux de la prohibition. L'identifier comme malade dans sa quête éperdue du plaisir par recours à l'artifice est abusif. Que dire alors de toutes les consommations aphrodisiaques et érectiles, dont le fameux Viagra sans parler du tout prochain Tigra, traitées par la gaudriole ? Fouiller dans son histoire et trouver la manière dont il traite le manque originel renvoient à des structures classiques et variées de la pathologie. Il n'y a pas une entité toxicomane, il y a des toxicomanes. Fabriquer un portrait-robot destiné à servir de repoussoir est une entreprise idéologique destinée à brouiller les pistes car la circulation de la drogue est un problème politique. Enorme.

Les politiques en bavardent, mais à l'envers, sous le manteau du moralisme et de la couardise. Avertis de la gravité de la délinquance — la vraie — organisée à l'échelle mondiale et qui traverse les Etats, ils gesticulent, paradent et ne font rien contre le monstre mafieux sinon que d'exalter quelques exploits douaniers et policiers pour mieux masquer leur impuissance et leur absence de détermination. Alors, ils vont au plus facile : haro sur le consommateur, le microdeal de quartier. Les récentes interventions de notre président, dont une à l'ONU, sont consternantes. Lui qui ne cesse de fustiger les archaïsmes et les blocages de la société française, et s'appuyant sur des avis autorisés — lesquels ? —, a tenu, juste après qu'il fut venu au secours du familialisme, un discours opportuniste — mais l'opportunisme est une de ses constantes — des plus vieillots sur la question, balayant d'un revers de main les timides propositions sur la dépénalisation du cannabis du secrétaire d'Etat à la Santé qui l'accompagnait à New York. A moins — mais nous en doutons — qu'il n'ait manifesté une fois encore son génie du paradoxe : plaider une cause pour faciliter le triomphe de sa rivale (cf. la brillante aventure historique de la dissolution de l'Assemblée nationale en 1997). Alors qu'on poursuit et condamne à la prison l'animateur de l'inoffensif CIRC (Collectif d'information et de recherche cannabique) — dont on n'oubliera pas l'humour de son opération « Chanvre des députés » —, on refuse dans une dénégation quasi névrotique de voir que le temps est venu de changer d'attitude et de politique face à la drogue. Il n'est pas question de rappeler ici le nombre de commissions, rapports, études qui ont été consacrés aux toxicomanies. Signalons seulement qu'il y a, parmi elles, des conclusions et propositions sérieuses, non passionnelles, pour obliger une civilisation avancée à choisir ses priorités. Le primum, c'est la lutte contre le monstre mafieux, sa criminalité financière, ses ramifications qui mettront un jour ou l'autre en cause le fonctionnement des démocraties déjà sérieusement entamé par la gouverne du capitalisme financier. Nous n'avons pas compétence pour juger des interventions policières ni de leur efficacité. Convenons que les polices spécialisées sont engagées dans une guerre de cent ans où des hommes meurent sans résultats probants. Il y a dans cette histoire un côté tonneau des Danaïdes auquel tout le monde consent. D'où l'hypothèse : ne faut-il pas tarir le profit à sa source dans les productions et distributions ?

Quand on s'étonne, voire s'offusque, périodiquement de l'appétence française (encore une exception !) pour les médications, en particulier les psychotropes, que constate-t-on ? Qu'outre ce qui la motive — une lutte contre l'anxiété et la dépression diffuses qui colorent le pays comme une endémie, la recherche d'un bien-être—, notre société exprime bien là la permanence de ce fait de civilisation que nous avons noté : l'humanité fascinée a toujours été confrontée à l'usage et aux pouvoirs des drogues.

Rien ne sert de le déplorer, il faut faire avec comme avec la finitude (si un jour l'humanité se détache définitivement de l'utilisation du chimique, c'est qu'elle aura trouvé en elle-même les ressources, probablement spirituelles, pour le faire). Pourtant, seule, une minorité extrême du groupe humain s'attache à l'usage régulier et diversifié de la drogue. L'interdit sur la satisfaction de ces besoins minoritaires donne l'occasion de disséminer à une industrie occulte aux avoirs démesurés. La prohibition, comme l'écrit le CIRC, est une invention nord-américaine dont la France est le verrou européen. Véritable « Mur de Berlin », selon la métaphore du CIRC, elle doit donc chuter, car les conséquences de la prohibition sont bien connues. Elle ne protège pas contre la diffusion des produits mais, au contraire, favorise l'éclosion d'un monde hors la loi fort prolifique qui vend la mort et infiltre massivement l'économie et les appareils de décision. Des gestes symboliques sont donc à faire qui sont de l'ordre de la politique. Y aurait-il jamais eu une loi sur la contraception, la loi Veil, l'abolition de la peine de mort, s'il avait fallu tenir compte de ce fantôme : l'opinion publique, bulle malléable et insaisissable, sans existence, et qu'on fabrique et façonne selon les circonstances, ne fût-ce qu'en lui présentant le toxicomane, comme auparavant le bolchevik, avec son couteau entre les dents ? Il faut rendre crédit au président actuel d'avoir soutenu, lors de la première cohabitation, son ministre de la Santé pour la mise en vente libre des seringues contre l'avis de l'ensemble de ses ministres conservateurs qui, localement, ont bien essayé de saboter l'initiative par pharmaciens et policiers interposés. N'empêche, la mesure était juste, cohérente en termes de santé publique. Il n'est — amateurs de chiffres — que de comparer ceux des contaminations VIH et des hépatites.

N'importe, le parti pris du risque ne semble plus figurer dans le manuel du parfait gouvernant, en une époque de mise en place des politiques ennuyeuses, reconduites d'une majorité à l'autre dans le discrédit de la parole donnée.

La santé publique est éminemment politique. Sur le chapitre de la drogue, il faut une volonté et un courage dont on voit mal aujourd'hui, chez les politiques qui nous amusent, lequel d'entre eux pourrait posséder ces qualités, ne fût-ce qu'en abrogeant la stupide loi de décembre 1970 et ses injonctions thérapeutiques inopérantes, particulièrement inepte à vouloir balancer entre l'hôpital et la prison, ou encore l'article L 630 du Code de santé publique. Sachant la mentalité d'assiégé qui est la leur dès qu'on aborde le sexe ou la drogue, rêvons, toutefois, que quelques-uns d'entre eux s'attaquent enfin au « Mur de Berlin » et, arme majeure contre les mafieux, décident la légalisation de toutes les drogues, sans distinguo, sous le couvert de modalités strictes de contrôle de leur production par des laboratoires légalement habilités à les produire et de la médicalisation de leur prescription, pour les plus actives. Il serait souhaitable d'associer les consommateurs, actuels et anciens, aux définitions du protocole commun. Qualité des produits, doses, contrôle de l'usage sont affaires de contrat, de technique et de mise en forme juridique tout à fait concevables. Prix et conditions d'obtention fermement codifiés mais licites, le marché et la culture annexe des mafieux ne sauraient soutenir cette concurrence et ne pourraient que s'effondrer, car c'est ce monde-là qui est l'ennemi de la civilisation, et non le consommateur. Finis les profits mirifiques et les pratiques mortelles du parallèle face aux pratiques éclairées de la raison. Cette guerre économique-là mérite d'être menée et gagnée.

On dira que cette utopie est, comme toutes les autres, dangereuse, et qu'elle incite à suicider une société en prescrivant à notre tour la mort. Ou encore que la structure mentale du toxicomane ne saurait se satisfaire de ne pas avoir à transgresser, que le tabou lui est essentiel, que le désir, la jouissance sont rebelles au médical. On rajoutera aussi que la délinquance mafieuse, entendu qu'elle pourrait déclencher sa guerre civile contre les Etats, ne tarderait pas à inventer, à son tour, une concurrence perverse. Comme les réalistes demandent toujours l'impossible, il n'est pas vain de se colleter au problème. La psychiatrie n'a pas à décider de l'option politique quant à la législation des drogues, elle n'a pas non plus à rester muette devant les effets funestes de la prohibition et les minables interventions qu'on lui intime de faire. La prescription légale suppose un échange, et le contrôle n'est pas imposition formelle mais terme de contrat. Le produit y devient objet de discours (non le moralisant, c'est le pire !) entre le consommateur et le prescripteur. Et dès qu'il y a une loi (celle que doit tenir le prescripteur dans l'application stricte des prérogatives du contrôle), une parole, une relation qui a tout son temps et n'est pas soumise à la règle de la délation et de la coercition, il y a à parier qu'un travail psychique peut s'inaugurer et c'est notre essentiel. N'importe comment, on sait que les toxicomanes guérissent — changent d'objet — d'eux-mêmes, eux qui, pour les plus accrochés, flirtent avec leur overdose, le thérapeute vérifiant une fois encore qu'il n'y a traitement, en médecine, qu'avec l'accord, le consentement du patient, et que la guérison est affaire personnelle. Les toxicomanes, cependant, n'oublient jamais ceux qui les ont accueillis, sans préjugés certes, mais surtout sans complaisance, et qui les ont ainsi respectés dans leur jeu avec la vie et avec la mort, sans les soustraire à l'espèce humaine.

*

* *

On vient d'évoquer *les jeux de la vie* et nous pénétrons, on nous l'annonce, en une ère où le temps consacré à la vie va bientôt supplanter, s'il ne l'a déjà fait, celui dévolu au travail. Peut-être est-ce là supputations irréalistes, mais on écrit que, désormais, la durée du travail pourrait être égale ou inférieure à vingt heures par semaine sans affecter le niveau de la production, qu'il serait même possible de verser à la plus grande partie de la population — celle écartée des activités productives du fait des mutations technologiques — une allocation universelle, afin de la maintenir sans heurts dans le dispositif social de la consommation. La payer pour vivre en quelque sorte. Dans la même période, la retraite se prend de plus en plus tôt, tandis que la durée de la vie s'accroît, année après année. L'homme entre ainsi en disponibilité pour une longue attente de la mort. Les esprits avertis nous disent aussi que ces changements fondamentaux souffrent d'une inadaptation des mentalités. Nous ne nous sommes pas préparés, nous ne sommes pas préparés à aborder ces nouveaux continents. La culture traditionnelle du travail, une des plus aliénantes et aussi des plus structurantes qui fût puisqu'elle satisfaisait aux bénéfices névrotiques, est bouleversée. Le corps mercenaire et sa sexualité sont rendus à eux-mêmes. Cette éventualité d'une liberté durablement inscrite déconcerte. Que faire de tout ce temps de vie ? Comment m'occuper moi qui n'ai eu à accomplir que des tâches répétitives et qui ne fut jamais convié aux responsabilités ? Ou bien : comment habiter mes jours, moi qui, précarisé, ai eu peu à connaître du monde du travail, de ses obligations et contraintes et qui, soumis à la culture de masse robotisante, suis demeuré en friche ?

Face à cette massification de la disponibilité — des millions d'individus sont concernés —, le discours officiel est pauvre, écartelé. D'une part, mutation, changement d'ère le rendent amphigourique, mais il ne réunit pas les états généraux que demanderait un tel saut qualitatif dans la société du non-travail, si l'on en croit les analystes sociaux les plus éveillés, chargés d'élaborer, à partir des nouvelles donnes, le nouveau grand partage sociétal. D'autre part, le discours se raccroche en fait à la culture ancienne dans la poursuite effrénée de la création d'emplois et de lutte contre le chômage, devenus seuls critères de crédibilité politique. Cette confusion désarçonne. Doit-on, d'un côté, aider à l'apparition d'identités différentes de celles du travailleur, de l'actif, pour celles, anticipatrices, du monde à venir déjà présent, et, de l'autre, se cantonner à celles d'un univers prétendument disparu ? Est-ce parce que les décideurs hésitent à conforter la révolution des mœurs et des rôles sociaux qu'implique nécessairement la libération du travail ? Ne sont-ils pas convaincus que les avancées technologiques ne vont pas, à terme, en créant de nouveaux domaines de production et besoins de consommation, appeler à davantage de travail ? Aussi, programmer la liberté et la redéfinition des activités socialement utiles — une majorité d'activités productives est inutile, elle n'existe qu'artificiellement soutenue —, c'est s'engager dans le non-maîtrisable. Une, deux, trois générations d'individus vont s'investir dans des activités qui n'obéiront pas au négoce monétaire mais seront socialement justifiées par les échanges humains civilisés — on avance l'idée d'un tiers secteur — découvrant ainsi le sens de leur vie sociale. Il est à supposer que ceux-là auront bien de la peine, sinon une incapacité, à revenir au monde du plein emploi dont quelques-uns nous annoncent le retour pour 2050. Ils auront goûté à la vacance, à la créativité, à l'absence de hiérarchie, à la libre répartition des horaires. Ils seront émancipés de la tutelle et du contrat, établis dans la reconnaissance de l'un par l'autre. Bref, ils se référeront à un espace culturel de haute civilisation bien éloigné de celui de l'homogénéisation que promeut le néolibéralisme.

Le monde du travail et sa culture qui tremblent ne sont pas sans interpeller la psychiatrie. En premier lieu parce qu'il y a amalgame. Les privés, sinon les interdits de travail — ceux du non-travail forcé —, les précaires, les exclus, elle en découvre les pathologies. Nous n'y reviendrons pas. Les libérés de la contrainte, elle les connaît peu. Idéalement, elle n'aura pas à les rencontrer, ils sont à même de vivre leurs désirs. D'eux, elle apprendra. Précurseurs d'une avant-garde, ils sont presque indécelables au sein de l'appareil du malheur qui noie la positivité et empêche que soit conçue l'exploration jubilatoire des terres vierges de la mutation. Par contre, les « nantis », ceux qui, leurs affaires en règle, ont quitté l'entreprise à l'âge fatidique de la retraite, cette importante minorité qui va vieillir avec la société, quel va être son destin, d'autant que leur retrait des activités se conjugue avec *l'allongement de l'espérance de vie* ? La vieillesse n'est pas une randonnée en Cadillac. Outre le cortège des vicissitudes somatiques qui la marquent, elle est aussi l'aube des naufrages psychiques. Que n'entend-on pas sur la maladie d'Alzheimer ! On n'est pas sans connaître non plus les appétits mercantiles suscités par la vieillesse et les ségrégations dorées, quelquefois, les mouroirs pseudo-médicalisés qu'ils proposent. Comme l'enfance, la fin de la vie est un marché. Les frontières indiscernables qui quadrillent les communautés ont déjà délimité le périmètre du grand âge. Une société qui gagne — le leitmotiv du libéralisme — n'encense que le jeune et le conquérant élargis jusqu'à la cinquantaine arrivée et ne s'encombre pas de l'imagerie du déclin humain. Le message publicitaire, miroir presque parfait de la représentation et de l'illusion sociales d'un moment, ne montre le transgénérationnel que dans un rapport marchand : le vieillard est toujours vigoureux, paternel, conseiller en victuailles, lessives et bons placements. Bien hors de lui l'évocation du réel de la vieillesse qui ne supporte guère l'identification, sinon par le rejet. Il est comme l'opinion, il s'en détourne. Là encore, la massification va jouer et nombre d'actifs seront nécessaires à l'accompagnement du vieillard. La psychogériatrie a l'expérience de cet accompagnement — un maître mot de la pratique psychiatrique — qu'elle a acquis de son compagnonnage avec les psychoses et témoigne, là, de cette temporalité qui lui est inhérente et nécessaire.

Il n'est pas question, rappelons-le, d'inviter la psychiatrie à s'accaparer ce qui a trait à la direction des conduites humaines, mais de rendre accessibles ses compétences et savoir-faire. Ses cadres sont variables, adaptables, et elle a su former des techniciens aptes à soutenir d'autres intervenants dans leurs actions propres et, quelquefois, intenables. Un infirmier psychiatrique peut très bien s'intégrer à une équipe de médecine somatique, en devenir le référent du psychologique, sans pour autant le monopoliser. De même que d'autres membres de l'équipe psychiatrique peuvent très bien transmettre, à la fois leur expérience du relationnel acquise en des occasions multiples sans imposer un savoir canonique, et celle de la désasilisation, la meilleure propédeutique pour déceler les indicibles réenfermements discriminants auxquels on procède si l'on n'y prend garde. La pleine reconnaissance de la vieillesse est enjeu de civilisation selon qu'elle est considérée comme l'achèvement sacralisé d'une vie humaine ou son déchet. Dans la première éventualité se retrouve le respect de l'ancien, la filiation des mémoires qui nous fondent, toutes précieuses et vénérables. La seconde, investie par l'angoisse, l'incapacité à s'identifier et à se projeter comme être mortel, rejoint la logique économique de l'élimination du suranné. Quand nous disions plus haut, au risque d'effaroucher, que le terme ultime de l'impératif budgétaire en matière de soins était l'euthanasie, déguisée ou non, nous n'exagérions pas. Une euthanasie fonctionnelle, quoi ! Au Royaume-Uni dont on nous rebat les oreilles de la vitalité économique et de la liberté d'entreprendre sans frein, sait-on que certaines affections du grand âge (soixante-dix ans !) ne sont plus hospitalisables ? On ne tue pas, on laisse mourir.

*

* *

Mourir, justement. Et comment ? Nous n'apprendrons rien à personne en rappelant que, jusqu'à une période récente, la mort a été taboue, presque exclue de l'imaginaire industriel et scientiste de l'Occident. Cet escamotage philosophique n'était pas dépourvu d'avantage puisque la richesse productive se fondait sur la force de travail manuelle et intellectuelle qui supposait la santé, la capacité. Dans l'iconographie, le travailleur était, à l'instar de l'athlète, toujours jeune et beau. Et si le savant était quelquefois chenu, il était aussi vif et alerte. Etaient non recevables, voire refoulées, les images de la disgrâce et de la misère physiques. Le corps monnayable et consacré au labeur était magnifié, machinique, performant, prodigieux, d'autant qu'on l'exploitait, la moindre de ses exploitations n'étant pas celle de sa beauté. Beauté fugace, réifiée et codée dont les femmes, en particulier, payaient le prix à la discrétion du consumérisme effréné dont les modes donnaient le *la*. Conséquence fâcheuse de l'escamotage, la dénégation de la mort affaiblit le désir. N'existant que par le manque, s'il devient celui d'un immortel, assuré d'être comblé et sans fin, il s'annule. Et, surtout, le sacré disparaît. La dimension sacrée de l'humain lui est consubstantielle, comme elle l'est de la vie, dont la célébration n'est concevable qu'en rapport avec la dimension finie de l'existence. Si le sacré arrive à manquer, alors l'interdit ne joue plus et tout est possible. Auschwitz. Hiroshima. La familiarité avec la mort est, d'évidence, au cœur de la civilisation.

Depuis une trentaine d'années — mais cette datation est arbitraire, elle suit plus ou moins l'apparition de la thanatologie —, on réapprend à mourir. Nous ne sommes plus immortels. L'euphorie biotechnologique a beau passer et repasser avec ses pièces détachées, les maladies infectieuses nous ont rappelé notre fragilité. Sens de la vie et préparation à la mort ne sont plus incongruités philosophiques. Il ne semble pas non plus qu'il faille considérer que la souffrance soit inéluctable ou dispensatrice de leçon et d'expiation. La mort dépouillée de son aura maléfique, sœur de la vie, inéluctable, le chemin vers elle devient alors apprentissage de la sagesse, et personne, quelles que soient sa puissance, sa richesse, son origine, n'a privilège à l'instant de l'entreprendre. La laïcisation de l'approche de la mort est produit de la technique. Nous disposons de toute une gamme de produits très actifs qui jouent bénéfiquement sur les récepteurs de la douleur, et des personnels spécialisés ont compétence pour accompagner — là aussi maître mot —, en unité hospitalière ou à domicile, le passage vers la non-vie. Travail difficile, éprouvant, que la spécialisation en soins palliatifs où la fonction n'est plus de guérir mais de soulager l'incurable et d'attendre la mort naturelle sans recours au cocktail lytique qui est euthanasie. Là, le corps meurt à son heure, d'épuisement, le psychisme libéré de la douleur regardant la mort. La psychiatrie doit former dans ses rangs — le mouvement est amorcé à partir de l'irremplaçable expérience infirmière — les encadrants des équipes médicales engagés dans le suivi des phases terminales qui mobilisent les identifications, les défenses et les interrogations, tout à la fois les plus primitives et les plus élaborées de la psyché. Le partage des charges affectives, à ce niveau, est nécessité pour éviter la solitude soignante et les décisions insupportables.

Ils seront de plus en plus nombreux ceux de notre temps qui seront amenés à vivre ce long parcours dont ils auront possibilité de faire œuvre initiatique selon leurs convictions, soit dans l'athéisme et l'acceptation lucide du néant *post-mortem*, soit dans la spiritualité et l'adhésion religieuse. N'importe, le sacré est là dans ces relations intenses où se débattent les fins de la destinée humaine. Il n'est sans doute pas échange plus grand sinon celui de l'amour que celui-ci, dans l'urgence d'une vie qui se délite, en passe de se terminer, où la parole moribonde dit sa vérité sur l'être. Dialogue unique et multiplié, exercice de haute civilisation. Passeurs, tels sont et seront, de plus en plus sollicités — donc à former — ceux qui assureront la tenue du parcours, où le corps délié des pesanteurs douloureuses, ouvre à la psyché déjà avertie le temps serein de la question philosophique où : Qui suis-je, moi qui vais partir ? succède à : Qu'ai-je été ?

Résistance

Psychiatries au pluriel pour réaffirmer que le champ est multiple où s'exercent les disciplines du psychisme et que les points de vue théoriques et étiologiques déterminent les pratiques. Mais si l'œcuménisme est difficile à tenir, il est possible, toutefois, d'utiliser ce que les uns et les autres ont à proposer. Tout dépend, dans ces usages, de ce qui fonde le projet thérapeutique singulier. L'univers du relationnel, y insistons-nous, est pour nous indépassable et c'est autour de l'échange que s'ordonne les thérapeutiques dont aucune ne peut être imposée.

Psychiatries au pluriel induit aussi un relativisme qui, pour le décideur, n'est sans doute pas la meilleure garantie d'une pertinence rigoureuse dont on sait bien qu'elle est la trame sur laquelle doit s'appuyer la psychiatrie publique, en particulier, pour s'opposer à son démantèlement. D'avoir rompu avec le carcéral l'a menée à l'expérience, qu'elle a voulue et veut irréversible, de la désasilisation, analogue à la sortie d'un totalitarisme. Le désaliénisme la condamne, en quelque sorte, à la critique permanente des aliénations subtiles et récurrentes que génère le socius. Là où le désaliénisme est à l'œuvre, la psychiatrie ouvre la voie, de loin en avance sur toutes les autres formes d'institutionnalisation médicale, bien que ses originalités ne soient pas automatiquement modélisables et transposables. Qu'elles donnent à penser dans un premier temps suffit. La désasilisation a mis le feu aux poudres, et la mouvance qu'elle a déclenchée ne peut s'interrompre. Les intimidations de la police de la pensée ne la touchent guère. Sa vigilance quant à tous les montages institutionnels aliénants et chronicisants fait qu'inévitablement elle se heurte aux conservatismes. C'est ici l'âme de la psychiatrie publique et son sens.

Compte tenu de cet engagement, elle se refuse à toute extension de sa mission dans le sens d'un impérialisme ou d'un interventionnisme à tout crin, même si ses savoir-faire sont fort demandés, bien utiles, et si certains ont quitté son terrain propre pour devenir pratiques élargies. Elle n'est pas l'alibi des pouvoirs lorsque émerge la figure conjoncturelle et fugace « d'un problème de société ». On l'a assez rappelé, son inscription dans le temps est proche de celle, anhistorique, de l'Inconscient, de ses formations silencieuses et quelquefois éruptives. Elle se fond dans le mouvement souverain aux lenteurs géologiques de la civilisation, sa seule interlocutrice.

Psychiatries au pluriel, donc, de toutes les tâches que propose une société développée en son évolution, qui invite à l'utilisation — et non au gâchis — de ce qui est déjà là avant de le multiplier, à savoir : l'acquis des disciplines de la relation issues du désaliénisme à condition de ne pas annuler par la gestion, ou dédaigner par le préjugé, ce qu'elles offrent de pluralité et d'efficacité.

*

* *

De s'occuper des désirs et des pulsions sauvages qui animent l'humain a marié la psychiatrie au diable et au bon Dieu. Qu'on n'espère pas d'elle le conformisme, l'adhésion à des normalités de circonstance. Qu'on s'attende plutôt à l'iconoclastie, à l'inconfort intellectuel. Elle n'est pas compagne de la folie impunément, et elle ne saurait oublier Antonin Artaud, le pathétique et lointain interpellateur, dont on n'a toujours pas tiré tous les enseignements des phillipiques. C'est dire que la psychiatrie qu'on avait rêvée utilitaire s'avère être, par le désaliénisme étendu à la cité, révolutionnaire.

Et nous voici revenus à la radicalité. Pourtant, comme ailleurs, la politique a reculé en psychiatrie. La litanie plaintive remplace trop souvent la détermination à s'opposer aux effets de l'entreprise gestionnaire bornée par les édits de la roucoulade néolibérale, la petite musique de la police de la pensée, dont il est évident que l'aspiration libertaire du désaliénisme lui est hétérogène. Peut-être, un jour, devra-t-on en revenir à l'acte exemplaire afin de réveiller tous les dormeurs consensuels ou convertis à l'« àquoibontisme » dans leur aboulie politique. La majorité des psychiatres est résignée, réformiste modérée, ou corporatiste, et ses syndicats tentés par le clientélisme. Tous, donc, un peu fossoyeurs. A cet égard, il est éclairant qu'aucun syndicat de psychiatres ne se soit associé au collectif constitué en vue de l'abolition de la loi de 1970 sur la toxicomanie, alors que le syndicat de la magistrature, lui, en fait partie. De même, on n'entend que des rumeurs étouffées quant à celle de 1990 sur l'hospitalisation des malades mentaux.

L'ampleur des glissements de civilisation dont nous n'avons relevé que quelques points : sur la famille, la tolérance sexuelle, le libre accès au plaisir, la guidance vers le plus de vie et l'acceptation de la mort, outre qu'elle demande à la psychiatrie d'être plus que jamais à l'heure des droits de l'homme, de tous les hommes, exigerait qu'elle soit, de par sa position dans la communauté et selon l'expression de Bernard Kouchner : « Le veilleur de la société. » Au moment où un ministre reconnaît à la psychiatrie cette position capitale, au moment où la toile déroule de nouveaux grands déséquilibres environnementaux — toute une population de professionnels conséquents, en diminution constante pour ce qui est des infirmiers, se trouve ainsi disponible pour la collectivité dans la perspective des services nouveaux à rendre apparus dans le sanitaire —, peut-être faudrait-il la distinguer du tout-venant médical. Et, tout en la maintenant comme discipline majeure, la soustraire à l'uniformité des réductions budgétaires qui, par l'entraînement mécanique des restrictions, la détruiront, bêtement, en affirmant, pour elle, une sorte de clause d'irréductibilité, comme pour un sujet qui, jamais, ne se laisse réduire.

Enfin, au lieu de se scandaliser de l'augmentation des dépenses de santé, d'appliquer le même sceau à des demandes complexes, accompagné d'une vindicte culpabilisatrice, peut-être vaudrait-il mieux s'interroger sur ce qui la motive en ne la rapportant pas à la seule appétence des usagers et à l'avidité des médecins. De quels troubles profonds des sujets, ou de quelle conception de la santé, est-elle l'indicatrice ? Dans la confusion des demandes et des attitudes, dans l'attention qui est portée à la santé, les citoyens ne manifestent-ils pas qu'elle est devenue pleinement une valeur culturelle et, qu'essentielle, elle peut prétendre à la priorité sur d'autres ? Qu'on les consulte les citoyens ! La pensée néolibérale annule cette dimension en ne traitant que d'arithmétique. L'approche rationnelle qui n'est pas rationalisation, ni régulation, mais comportement civilisé, infère qu'on *revoie* la vie, qu'on accepte qu'elle n'ait pour finalité qu'elle-même, tandis que nous sommes au seuil d'espérances temporelles encore non explorées. En cette occurrence, la psychiatrie est ce qui, de la médecine, est le plus impliqué dans la culture. La civilisation se civilise sans cesse. Elle se demande aujourd'hui : jusqu'où et comment doit-on laisser vivre les hommes ? Bien après, viennent les chiffres, les choix, les arbitrages.

Mai - juillet 1998

Table des matières

Impression et façonnage par
IMPRIMERIE
FRANCE QUERCY
CAHORS

Dépôt légal : février 1999 - N° d'impression : 90424